U0107333

教育部、国家语委重大文化工程
　　"中华思想文化术语传播工程"成果
国家社会科学基金重大项目
　　"中国核心术语国际影响力研究"（21&ZD158）
　　阶段性成果
中国社会科学院"登峰计划"资助项目

本书根据外语教学与研究出版社与帕尔格雷夫·麦克米伦出版公司2019年英文版译出

中华思想文化术语研究丛书

王柯平 著　崔岿 译

和谐
替代性选择

外语教学与研究出版社
北京

图书在版编目（CIP）数据

和谐：替代性选择 / 王柯平著；崔寯译. —— 北京：外语教学与研究出版社，2023.12
（中华思想文化术语研究丛书）
ISBN 978-7-5213-4937-5

I. ①和… II. ①王… ②崔… III. ①和谐－研究
IV. ①B024.4

中国国家版本馆 CIP 数据核字 (2023) 第 239693 号

出 版 人　王　芳
项目负责　刘　佳
责任编辑　赵璞玉
责任校对　钱垂君
装帧设计　覃一彪
出版发行　外语教学与研究出版社
社　　址　北京市西三环北路 19 号（100089）
网　　址　https://www.fltrp.com
印　　刷　三河市紫恒印装有限公司
开　　本　787×1092　1/32
印　　张　8
版　　次　2024 年 1 月第 1 版　2024 年 1 月第 1 次印刷
书　　号　ISBN 978-7-5213-4937-5
定　　价　78.00 元

如有图书采购需求，图书内容或印刷装订等问题，侵权、盗版书籍等线索，请拨打以下电话或关注官方服务号：
客服电话：400 898 7008
官方服务号：微信搜索并关注公众号"外研社官方服务号"
外研社购书网址：https://fltrp.tmall.com

物料号：349370001

记载人类文明
沟通世界文化
www.fltrp.com

赞　辞

　　在《和谐：替代性选择》这一新的专著里，王柯平溯本探源，考察了"和谐"这一哲学主要概念从古至今的演进过程——从最初起源于音乐制作到成为一种普遍的价值观念。在当代中国伦理、社会、政治等生活中，这一价值观念发挥着至关重要的作用。王柯平采用究微精炼的论述方式，将儒家的"和谐"观念逐步发展成为一种独特的中国式方案，用以替代那些旨在改变世界文化秩序的诸种假设与可能做法。

——安乐哲（Roger T. Ames）教授
美国夏威夷大学东西方研究中心
（ East-West Center, University of Hawai'i, USA ）

*

"中华思想文化术语研究丛书"出版说明

　　"中华思想文化术语研究丛书"的策划来源于"中华思想文化术语传播工程"（以下简称"工程"）。

　　"工程"旨在梳理反映中国传统文化特征和民族思维方式、体现中国核心价值的思想文化术语，用易于口头表达、交流的简练语言客观准确地予以诠释，在中国对外交往活动中，传播好中国声音，讲好中国故事，让世界更多了解中国国情、历史和文化。"工程"的核心成果是"中华思想文化术语"系列图书（中英文对照版），每辑收录100条思想文化术语，每条术语的释义文字在二三百字。

　　"中华思想文化术语"系列图书问世后，很多国外读者提出，希望更深入地了解其中一些思想文化术语的含义以及它们对当代社会的影响。于是，"工程"秘书处与施普林格·自然集团共同策划了本套丛书——"中华思想文化术语研究丛书"。其中，英文版由施普林格·自然集团在海外出版，而中文版则由外语教学与研究出版社在国内出版。

本套丛书中的每一种，均是作者对某一个或者一组思想文化术语的深入阐释。作者依托历史文献资料与学界已经取得的研究成果，以思想文化发展史上的代表人物或代表性著作、观点为线索，详细考察该术语在中华思想文化发展史上的源流嬗变、历史语境、语义脉络、思想影响、现代价值，让读者对中华思想文化中的一些重要范畴、概念或思想命题有一个较为全面系统的了解。

丛书以综合、原创的学术内容及著作者个人的学术研究为主，体现专业研究与社会普及结合，源流并重，考论兼备，中西观照。丛书中涉及的思想文化术语既是中国文化的智慧，也是人类共同的文化宝藏。挖掘它们的意义变迁，阐释其对当今社会的影响，有利于促进不同文化之间的交流与对话。

本套丛书的作者有的侧重于概念史研究，有的侧重于对传统的学科术语的挖掘，表现出研究成果的多样性和丰富性。需要说明的是，我们以"中华思想文化术语"之名进行整合，但也尊重作者不同的学术视野和研究领域。本套丛书是开放性的，我们还会陆续推出其他中国知名学者关于中华思想文化术语的研究作品。

"中华思想文化术语传播工程"秘书处

2022 年 5 月

*

弁　言

　　近百年来,故宫一直是中国的首都北京最吸引人的景点之一,每日参观游客成千上万。有趣的是,最近几年间出现了一种新的趋势:越来越多的外国访华政要与世界组织领导人应邀游览故宫,此项活动已属他们来京访问行程的一部分。他们在中国东道主的陪同之下,游览这一古建筑群组成的历史名胜,欣赏其中那些气派豪华的雕梁画栋与丰富多样的文化象征符号。当然,他们一定会参观宫内的三座主殿。

　　这是为何呢? 故宫在历史上以"紫禁城"之称闻名于世。[1]故宫建于明朝早期,与西方文艺复兴时期相若,共有 24 位皇帝在此主政。直到 1911 年清朝被推翻、1912 年最后一位清帝退位,这里作为皇帝居所的历史才终结。1925 年 10 月,故宫改为博物院,开始对公众开放。在故宫迷宫般的 9000 多间房屋当中,三大主殿拔乎其萃。

1 古人将天子比作紫微星垣,紫微星即北极星。紫微星四周由群星环绕,所以"紫禁城"的名字意指皇帝的居所正是宇宙的中心。

此三者既是中国传统建筑的典范，更是朝廷理政的至要所在，分别名为太和殿[1]、中和殿[2]与保和殿[3]。

不难看出，三大殿的名称象征三种和谐理念：太和、中和与保和。在中国思维方式中，"太和"意在惠予天、地与人之间一种和谐互动的关系，天、地、人在此恰好构成宇宙整体。"太和"一说出自《周易·彖上》，是用来美化乾卦的赞辞："乾道变化，各正性命，保合太和，乃利贞。首出庶物，万国咸宁。"[4] "太和"随后逐渐发展成为一个哲学概念，于宋代盛极一时。张载在其作开篇指出：

> 太和所谓道，中涵浮沈、升降、动静、相感之性，
> 是生絪缊、相荡、胜负、屈伸之始。其来也几微易简，

1　这座始建于1420年的宫殿常用于重大节点的庆祝活动：冬至、农历新年、皇帝生日及登基等等。

2　中和殿呈方形，四面带窗。中和殿常用作前厅。皇帝上朝前来这里做最后的准备。在先庙中宣读的祷辞，最后一稿于此交于信使。春耕用的种子亦在此检验。

3　从建筑上讲，保和殿前端无柱，属典型的明代建筑特色。在清朝，大年晚宴于此举办，礼敬蒙古王族及高阶官员。殿试也在此举行，皇帝在此直接掌控三甲进士科举，以此征召儒生进入朝堂。那些通过进士科举者，可获显贵头衔，奉召入仕为官。

4　李道平：《周易集解纂疏》，潘雨廷点校，中华书局，1994，第37页。英文参 Zhang Dainian, *Key Concepts in Chinese Philosophy*, trans. Edmund Ryden (Beijing and New Haven: Foreign Languages Press and Yale University Press, 2002), p. 275。英文《周易》参理雅各译《周易》，秦颖、秦穗校注，秦颖今译，湖南出版社，1993，第5页；另参 Rechard John Lynn trans., *The Classic of Changes* (New York: Columbia University Press, 1994), pp. 129‐130。笔者原书所用英译文，据中文原文略有改动。

其究也广大坚固。起知于易者乾乎！效法于简者坤乎！散殊而可象为气，清通而不可象为神。不如野马絪缊，不足谓之太和。[1]

"太和"等同于"道"。二者在此是用来指气之转化的完整过程，同时也用来表示至高与至上的和谐。王夫之（1619—1692）曾对张载之论有言：

太和，和之至也。道者，天地人物之通理，即所谓太极也。阴阳异撰，而其絪缊于太虚之中，合同而不相悖害，浑沦无间，和之至矣。未有形器之先，本无不和，既有形器之后，其和不失，故曰太和。[2]

简言之，这两位思想家所见略同，均认为"太和"对于宇宙中的多样事物而言至关重要。这里所说的"多样事物"，既指自然万物，也指世间众生。万物与众生

1　王夫之：《张子正蒙注》，中华书局，1975，第1—2页。英文参 Zhang Dainian, *Key Concepts in Chinese Philosophy*, trans. Edmund Ryden (Beijing and New Haven: Foreign Languages Press and Yale University Press, 2002), p. 275。
2　王夫之：《张子正蒙注》，中华书局，1975，第1页。英文参 Zhang Dainian, *Key Concepts in Chinese Philosophy*, trans. Edmund Ryden (Beijing and New Haven: Foreign Languages Press and Yale University Press, 2002), pp. 275‑276。

之间的和谐，便是万物与众生皆以适当方式成其所是的基础。

　　至于"中和"，意在借助"中庸"这一正确性原则来确保人类社会中和谐的人际关系。"中和"一说出自儒家经典《中庸》，用来代表一种特殊的和谐，其微妙含义在于如何培养和教化人类情感。宋代理学家程颐（1033—1107）将"中庸"这一观念分作两个相互交织的部分："中"与"庸"。其文曰："中者，天下之正道；庸者，天下之定理。"[1]当"中"被释为"正"时，自然是指具有普遍性的正确性原则。当"正"与"和"相连时，便是指凭借正确性原则所取得的和谐状态。有鉴于此，和谐状态不仅持久绵延，而且有益于天下。

　　谈及"保和"，此说出自唐代思想家韩愈（768—824），据其所述："居惟保和，动必循道。"此说主要是指当时一位皇帝的哲学思想。"保和"理念意指保持身心和谐康健。不过，用此来命名宫殿，则包含更重要的意味。

　　在推崇和谐思想的中国传统文化架构中，"保和"

1　朱熹：《四书章句集注》，中华书局，1983，第17页。英文参 Zhang Dainian, *Key Concepts in Chinese Philosophy*, trans. Edmund Ryden (Beijing and New Haven: Foreign Languages Press and Yale University Press, 2002), p. 331。

概念被赋予实际运作的意味，目的在于以恰当方式来促成"太和"与"中和"。换言之，"保和"意指一种政治使命，旨在实现社会政治领域里的"完美和谐"。在笔者看来，"完美和谐"是"太和"与"中和"的融合结果。若机缘巧合而成现实，万物各得其所，众人各安其命，诸邦各守其成。由此可见，和谐的主题贯穿故宫三大殿，君臣曾在此殚精竭虑，夙夜办差。事实上，这三大殿蕴含的和谐理念已然成为中华文化和谐意识传统的重要组成部分，甚至成为中国历史上社会政治实践的终极目标。简言之，广义的和谐包含两个基本要素：和谐共存与和平发展。这两大要素互为表里，紧密关联，为中国的政治文化奠定了基石。

从发生学上讲，和谐的概念最初起源于音乐，由此衍生出美学与道德意义上的音乐模式。特别是在儒家那里，和谐观念作为一种道德预设，被推上社会政治舞台。从语义学上讲，"和谐"与"和睦""合作""秩序"以及"和解"同义，与"冲突""争端""失序"以及"混乱"相对。大体说来，和谐常被用以促进人际关系的和睦，最终旨在实现国泰民安，此乃整个中国历史念兹在兹的政治抱负。从理论上讲，在不同情况下与不同领域里，和谐思想为了不同目标而得到进一步发展，因此就出现了九种不同的和谐模式，其中包括音乐模式、宇宙模式、化育模式、整合模式、交合模式、范导模式、辩证模式、容纳模式与情操模式。所有这些模式组成和谐理论或和谐说（harmonism）。从实践上讲，它们作为实质要素依照各自功能与导向跨越多个领域，从宇宙秩序到人伦关系尽在其中。纵观中国古今历史进程，和谐说的现实用途在于助推天下主义与新社群主义，抵制尚武好战的冲突论，再就是促进华夏和谐社会建设与人类命运共同体构想。

这本小书简述和谐概念，略及其他内容。此外，将和谐说拟设为替代性选择，旨在重思人类生存状况，应对全球各种挑战与问题。有鉴于此，"和谐高于公正"的命题得以细究，以谋人类社会及世界之未来。

在本书付梓之际，笔者对外研社编辑王琳女士的邀约深表谢意！自不待言，文中所存疏漏之处，作者自应担负其责。

王柯平

*

目　录

*

第一章　音乐模式

从词源上讲，汉字"和"意指和谐、和洽或协和等。"和"字有三种字形：龢、和、咊。"龢"，最早见于甲骨文。"龢"最初指用作乐器演奏的排箫，而"和"则指一种和音，即由一种称作"笙"的乐器发出的和弦音。由于音乐的和声是音与声经过特别调制而成，由此便衍生出一种和谐概念，借以表达某种音调效果，同时表现人的情感与共鸣。据此可以推断，音乐天然需要和谐，和谐本身源自音乐。

《国语》曾言："物得其常曰乐极，极之所集曰声，声应相保曰和，细大不踰曰平。"[1] 有鉴于此，夫乐者可谓"中和之纪也"[2]。换言之，我们可用和谐来界定音乐。顺便提及，在此情况下，中国观念"和"与希腊理念"和谐"（harmonia）并不相同，尽管各自成分之中含有重叠之处。希腊的"和谐"理念与一种见于多利亚（Dorian）、伊奥尼亚（Ionian）、利底亚（Lydian）和弗里几亚（Phrygian）

1　薛安勤、王连生：《国语译注》，吉林文史出版社，1991，第131页。
2　徐复观：《中国艺术精神》，广西师范大学出版社，2007，第11页。

多种风格之中的音乐调式有关，柏拉图与赫拉克利德斯的相关描述自明易见。[1]

　　相较于和谐概念的起源而言，音乐的诞生则要早得多。我们可以依据考古发掘，从甲骨文中找到最初象征音乐的"樂"字。这个字最早指一穗谷物的成熟，与庄稼丰收后的喜庆紧密相关。后来，该字用来意指快乐的感情与饱满的情绪。[2]《说文解字》指出："五声八音总名。象鼓鞞。木，虡也。"[3] 另据《荀子·乐论》和《礼记·乐记》所述：

　　　　夫乐者，乐也，人情之所必不免也。故人不能无乐，乐则必发声音，形于动静，而人之道，声音、动静、性术之变尽是矣。故人不能不乐，乐则不能无形，形而不为道，则不能无乱。先王恶其乱也，故制雅、颂之声以道之，使其声足以乐而不流，使其文足以辨而

1　参 Plato, *The Republic*, trans. Desmond Lee (London: Penguin Books, 1974), 398e-399c。至于赫拉克利德斯的描述，参 D. B. Monro, *The Modes of Ancient Greek Music* (Oxford: Clarendon Press, 1894), pp. 9-11。

2　修海林：《"樂"之初义及其历史沿革》，《人民音乐》1986 年第 3 期。另参 Li Zehou, *The Chinese Aesthetic Tradition*, trans. Majia Bell Samei (Honolulu: University of Hawai'i Press, 2010), p. 17。

3　许慎：《说文解字》，徐铉等校，上海古籍出版社，2007，第 288 页。

不谀，使其曲直、繁省、廉肉、节奏足以感动人之善心，使夫邪污之气无由得接焉。[1]

凡音之起，由人心生也。人心之动，物使之然也。感于物而动，故形于声。声相应，故生变。变成方，谓之音。比音而乐之，及干、戚、羽、旄，谓之乐。[2]

有趣的是，汉字中代表音乐的"樂"（yuè）与表示快乐的"樂"（lè）是同一字。两字现在的写法均简化为"乐"，其读音为 yuè 者意指音乐，而为 lè 者意指快乐，各随语境文意而定。早先数位音乐论者曾撰文述及此种巧合。此外，"乐"指音乐之时，亦指音乐表演，包括歌唱、舞蹈及器乐伴奏的三位一体艺术样式。音乐表演不仅事关礼乐文明传统，且属礼乐仪式整体的关键部分。因此，"乐"有一定的礼数，涉及歌舞者的数量与等级，歌舞者手握"斧盾"，头戴"羽旄"，载歌载舞。此外，音乐具有社会、道德、心理及审美的功用，古时演乐旨在维护社会秩序，培育人性道德，滋养平和心境。

1　王天海:《荀子校释》，上海古籍出版社，2005，第 809 页。英文参 Hsün Tzu, *Basic Writings*, trans. Burton Watson (New York: Columbia University Press, 1963), p. 113。

2　孔颖达:《礼记正义》，上海古籍出版社，2008，第 1455~1456 页。英文参 *Li Chi: Book of Rites* (Vol. II), trans. James Legge (New York: University Books, 1967), p. 92。

因此，从音乐起源及性质上讲，音乐和谐从艺术角度表现出多样的统一。此外，音乐的多重功能可以助推社会、精神与大自然的和谐。儒道两家的传统乐论思想尤其如此。首先，和谐的音乐模式（the musical mode of harmony）是政治理想与道德期待的共同象征。在古代，政治的象征与表现均与音乐相类相应。不同类型的政治实践，会体现为不同风格的音乐。这些风格主要反映人的情感、社会现实、时政态势与人生状况。音乐之中的音调与旋律变化，最能体现音乐的上述功能。在传统意义上，音乐表演与礼仪相配合，有助于促进社会和谐。据此，荀子（前 313？—前 238）在《乐论》里声称：

> 故乐在宗庙之中，则群臣上下同听之，莫不和敬；闺门之内，则父子兄弟同听之，莫不和亲；乡里族长之中，则长少同听之，莫不和顺。故乐者，审一以定和者也……[1]

另外，《国语》也曾倡言："夫政象乐，乐从和，和

---

[1] 王天海：《荀子校释》，上海古籍出版社，2005，第809页。英文参 Hsün Tzu, *Basic Writings*, trans. Burton Watson (New York: Columbia University Press, 1963), p. 113。

从平。"[1] 恰为上论之总述。此陈述揭示政治与音乐之间由于礼仪制度而形成的联系。"乐从和"一语，若从和敬、和亲及和顺三种精神来看，至少包含三层意思。第一层意指礼乐合一，因在古时礼乐联手形成独特的礼乐文化传统。第二层意指礼乐之别，即音乐多凭交流、协调与调和群体情感，实现上文所述目标。音乐作为内在引导，一方面有助于建构理性与社会性，另一方面通过怡情悦性塑造人性。最重要的是，音乐与礼仪携手，促成和谐秩序，实现社会团结。第三层意指音乐不仅寻求人际关系的和谐，以期维系社会成员之间的秩序，确保上下、长幼、贵贱有序，同时还寻求宇宙神灵与人类世界之间的和谐。换言之，音乐致力于寻求社会上下之间与宇宙天地之间的和谐。鉴于音乐自身涉及祭祀，且影响人际关系，故此可以推知音乐的目标既包括天与人之间的和谐统一，亦包括人与人之间的和谐统一。[2]

接下来在谈及心理和谐时，理应充分考察音乐自身的审美特性。音乐源自感于外物的人类情感，这些外

1　薛安勤、王连生：《国语译注》，吉林文史出版社，1991，第 131 页。
2　李泽厚、刘纲纪：《中国美学史：先秦两汉编》，安徽文艺出版社，1999，第 85—86 页。另参 Li Zehou, *The Chinese Aesthetic Tradition*, trans. Majia Bell Samei (Honolulu: University of Hawai'i Press, 2010), p.19。

物包括自然事物、社会事件与个人经历。音乐形成之后，又会凭借自身所生的和谐快感，主要影响人的情感与心理。其功能据《礼记·乐记》所述：

> 凡音之起，由人心生也。人心之动，物使之然也。感于物而动，故形于声。声相应，故生变。变成方，谓之音。比音而乐之，及干、戚、羽、旄，谓之乐。乐者，音之所由生也，其本在人心之感于物也。是故其哀心感者，其声噍以杀；其乐心感者，其声啴以缓；其喜心感者，其声发以散；其怒心感者，其声粗以厉；其敬心感者，其声直以廉；其爱心感者，其声和以柔。六者非性也，感于物而后动。[1]

值得注意的是，音乐之中对多样情感的表现，与人们在现实生活里所体验的情感同构。如此一来，心与声之间的交互作用，将在消极意义上产生"六种特质"，因为人心抑或不为外物所自然打动，抑或不为自我感知所充分唤醒。这些特质虽然会对人心产生不同程度的影

1　孔颖达：《礼记正义》，上海古籍出版社，2008，第1455—1456页。英文参 *Li Chi: Book of Rites* (Vol. II), trans. James Legge (New York: University Books, 1967), pp. 92‑93。

响,但未必能够确保内心和谐。相比之下,唯有雅正之乐同礼相结合,方能创构和谐效果。正如《礼记·乐记》所言:

乐由中出,礼自外作。乐由中出,故静;礼自外作,故文。大乐必易,大礼必简。乐至则无怨,礼至则不争。[1]

再者,乐与礼协同,一方面会产生和谐的快感,另一方面又会分享礼的属性,也就是基于仁义美德的属性。此类快感与美德在功能上是富有感染力的。当雅乐以适当方式得以演奏之时,此类快感与美德就会滋生扩展,形成感人的氛围。在此场合,音乐能直入听者内腑,可用来善化人心。据《礼记·乐记》所述:"凡音者,生于人心者也。乐者,通伦理者也。"[2]

那么,雅乐何来呢?据孔子(前551—前479)所述,雅乐皆为德音,故有和谐之质。雅乐与淫乐判然有

---

1 孔颖达:《礼记正义》,上海古籍出版社,2008,第 1472 页。英文参 *Li Chi: Book of Rites* (Vol. II), trans. James Legge (New York: University Books, 1967), p. 98。
2 孔颖达:《礼记正义》,上海古籍出版社,2008,第 1458 页。英文参 *Li Chi: Book of Rites* (Vol. II), trans. James Legge (New York: University Books, 1967), p. 95。

别，后者败风俗、灭心志而乱所为。雅乐自有定法。在诸乐之中，唯雅乐不邪辟、不放纵且不为恶。雅乐正风俗，树品德，又立高洁。雅乐立中庸之道，贯中和之旨，放四海而皆准，作曲、演奏及赏析均须臾不可离，实可谓"乐而不淫，哀而不伤"[1]。"淫"意指邪辟而失道德，"伤"意指自损而失理性。儒家传统坚决反对任何违背"中道"的过度做法，故此推崇恰当表现中和情感，反对过度宣泄极端情感，但同时也绝不赞同失当表现中和情感，因为"过犹不及"，均偏离中和之纪。

那么，正乐如何得以实现呢？雅乐之得，即尊"中和"之旨，奉之为圭臬，以用于音符及乐器的雅化之中。五音[2]象征如下："宫为君，商为臣，角为民，徵为事，羽为物。"[3] 乐器象征如下："钟声铿，铿以立号，号以立横，横以立武。君子听钟声，则思武臣。石声磬，磬以立辨，辨以致死。君子听磬声，则思死封疆之臣。丝声哀，哀以立廉，廉以立志。君子听琴瑟之声，则思志义之臣。

---

1 朱熹:《四书章句集注》，中华书局，1983，第66页。英文参理雅各译《汉英四书》，刘重德、罗志野校注，湖南出版社，1992，第83页。
2 五声音阶代表中国古代音乐传统的五个调式。五音分别是宫、商、角、徵、羽，对应西方七声音阶的C、D、E、G、A。
3 孔颖达:《礼记正义》，上海古籍出版社，2008，第1457页。英文参见 *Li Chi: Book of Rites* (Vol. II), trans. James Legge (New York: University Books, 1967), p. 94.

竹声滥,滥以立会,会以聚众。君子听竽、笙、箫、管之声,则思畜聚之臣。鼓鼙之声谨,谨以立动,动以进众。君子听鼓鼙之声,则思将帅之臣。"[1] 如此一来,"乐极和,礼极顺,内和而外顺,则民瞻其颜色而弗与争也,望其容貌而民不生易慢焉"[2]。以上所述的知音者,闻雅乐而得虚静,民众对其的态度折映人际关系是否和谐。所有这些内容均可证明:雅乐的功用或价值,绝不仅限于心理与审美层面,更体现在道德与社会层面。

鉴于同样理由,古代政治家单穆公极重雅乐,曾建议周景王如何制礼作乐。他曾指出:五音及相应乐器,均用于校正和调节节奏及韵律,以创造和谐的音乐。此外,当音乐得到校正及平衡,和谐之美就能得到保证,进而民心乐乐,上下和睦。操演雅乐,以符世德,以合治道,使神意愉悦而宁静,众人顺服而协作。若雅乐尽毁,则诸神动怒,民众分裂。[3] 尽管音乐力量于此有所夸大且被神秘化,但音乐本身确能影响人心或教化民众。其

1　孔颖达:《礼记正义》,上海古籍出版社,2008,第1536—1538页。英文参 *Li Chi: Book of Rites* (Vol. II), trans. James Legge (New York: University Books, 1967), pp. 120‑121。
2　孔颖达:《礼记正义》,上海古籍出版社,2008,第1554页。英文参 *Li Chi: Book of Rites* (Vol. II), trans. James Legge (New York: University Books, 1967), p. 126。
3　薛安勤、王连生:《国语译注》,吉林文史出版社,1991,第131页。

作用体现在提升社会精神气质，进而促进社会凝聚。从心理学上讲，音乐所起效用，关乎社会共享的心理和谐。

总而言之，音乐是儒家思想中用于民众教育的重要工具。音乐已被道德化，带有政治色彩，务必遵从正确性原则。在多数情况下，此项原则具有三重含义。首先，音乐务必道德正确，积极助推人际关系的和谐，净化人心中的低俗欲望。其次，音乐务必艺术正确，其所用声律应恰当合度，以此取得艺术成就。第三，音乐务必演奏正确，应在恰当地方以恰当人数进行恰当演奏，舞者与歌者的排列应符合礼仪规范。

最后，我们再转向道家的自然和谐。质而言之，道家常被设定为一种自然主义，因为道家一再强调自然之道或自然而然。再者，庄子（前369？—前286）所倡的"弃世则无累，无累则正平，正平则与彼更生"[1]的道家修为哲学，在某种程度上可与古希腊静修派的沉思哲学相比较，后者因政治充斥着潜在危险与难缠的权力游戏而弃绝政务活动。在中国的历史观念中，道儒两家相对，思考方式相反。在音乐方面，道家摒弃了音乐的社会与道德功能及其功利性评价方式。相反地，道家关注的焦点

1　钟泰：《庄子发微》，上海古籍出版社，2002，第409页。

是音乐的自然和谐,因其孜孜以求的是绝对精神自由与独立人格的修养。与儒家尤为不同的是,道家把音乐和谐作为一种悟道、体道与得道的途径,这种道是自然而然之道,是形而上的终极真理。因此,音乐和谐等同于道之和谐。这即是说,音乐和谐从本质上为道之和谐所规定,两者均意味着天地之间的扩展与互动。音乐和谐正是自然而然之道的显现。"听乎无声",这如何可能?据《庄子》所述:

> 视乎冥冥,听乎无声。冥冥之中,独见晓焉;无声之中,独闻和焉。故深之又深而能物焉,神之又神而能精焉。故其与万物接也。至无而供其求,时骋而要其宿。大小长短,修远。[1]

在道家思想中,道被视为万物的本源。上文所述道的运动,就像风这种自然现象一样,具有精妙的变化与物化特征。因此,据于道而视万物为一之人,并不在乎悦耳悦目的对象,而是游心于自然和谐的境界之中。此

---

[1] 钟泰:《庄子发微》,上海古籍出版社,2002,第250—251页。英文参庄子:《庄子》,汪榕培英译,秦旭卿、孙雍长今译,湖南人民出版社、外文出版社,1999,第177页。

外，这种得道之人，更欣赏自然之音，而非人造器乐之声。他会把音乐分作三类：人籁、地籁与天籁。简言之，人籁出自不同的笛管之声，地籁则出自大地之声。这种大地之声会是什么呢？《庄子》描述如下：

> 夫大块噫气，其名为风。是唯无作，作则万窍怒呺。而独不闻之翏翏乎？山林之畏佳，大木百围之窍穴，似鼻、似口、似耳、似枅、似圈、似臼，似洼者、似污者，激者、謞者、叱者、吸者、叫者、譹者、宎者、咬者，前者唱于，而随者唱喁。泠风则小和，飘风则大和。厉风济，则众窍为虚。而独不见之调调之刀刀乎？[1]

显然，形成地籁的大地之声，来自微妙多变的风声。相较而言，人籁不及地籁，地籁不及天籁。在庄子眼里，人籁属人创演，无法成于完美。完美的音乐与和谐只见于大自然之中。大自然通常等同于构成宇宙的天与地，大自然的音乐故此分作天籁与地籁。天籁之音看似源自空中微妙多变的风声，实则是指自然而然之道的运行衍

1　钟泰：《庄子发微》，上海古籍出版社，2002，第 27 页。英文参庄子：《庄子》，汪榕培英译，秦旭卿、孙雍长今译，湖南人民出版社、外文出版社，1999，第 15—17 页。

生特质。庄子虽然肯定天籁的至高地位，但并未拒斥人籁的存在价值。据称，庄子对人籁有另外一套评价方式。例如，传说黄帝演奏《咸池》古乐，庄子借助他人之口评说如下：

> 吾奏之以人，徽之以天，行之以礼义，建之以大清。夫至乐者，先应之以人事，顺之以天理，行之以五德，应之以自然，然后调理四时，大和万物。四时迭起，万物循生；一盛一衰，文武伦经；一浊一清，阴阳调和，流光其声；蛰虫始作，吾惊之以雷霆；其卒无尾，其始无首；一死一生，一偾一起；所常无穷，而一不可待。女故惧也。吾又奏之以阴阳之和，烛之以日月之明；其声能短能长，能柔能刚，变化齐一，不主故常；在谷满谷，在坑满坑；涂郤守神，以物为量。其声挥绰，其名高明。是故鬼神守其幽，日月星辰行其纪。吾止之于有穷，流之于无止。子欲虑之，而不能知也；望之，而不能见也；逐之，而不能及也。傥然立于四虚之道，倚于槁梧而吟。"目知穷乎所欲见，力屈乎所欲逐，吾既不及已夫！"形充空虚，乃至委蛇。女委蛇，故怠。吾又奏之以无怠之声，调之以自然之命。

故若混逐丛生，林乐而无形；布挥而不曳，幽昏而无声；……[1]

虽然这里充满儒道杂糅的观点，但其精微神秘之论，依然彰显出道家的思想底色。这样的音乐，奇妙奥秘，暗含以道为导向的感知与体验。故此聆听之时，闻而无声；查看之时，视而无形。此乐充盈天地之间，弥漫六合之内，流溢整个宇宙而无穷尽。若以怠调演奏，则忧惧顿消；若以惑作结，则质朴心生。有此心态，则与道同。[2] 顺此思路便知，道家推崇的音乐的自然和谐，不仅意在培养欣赏自然美的音乐耳朵，而且意在倡导对道本身进行哲学性沉思。

1　钟泰：《庄子发微》，上海古籍出版社，2002，第314—315 页。英文参庄子：《庄子》，汪榕培英译，秦旭卿、孙雍长今译，湖南人民出版社、外文出版社，1999，第227—229 页。
2　钟泰：《庄子发微》，上海古籍出版社，2002，第315 页。英文参庄子：《庄子》，汪榕培英译，秦旭卿、孙雍长今译，湖南人民出版社、外文出版社，1999，第229—231 页。

第二章　宇宙模式

如前文所述，儒家与道家在思维方式、价值判断和哲学关切等方面各不相同。譬如，二者从不同视角出发探求天地和谐。天地常用来意指宇宙或自然。[1] 在儒家思想中，和谐的宇宙模式（the cosmic mode of harmony）关注宇宙规律与礼乐功能的互动关系。这一切通过天与乐、地与乐之间的象征性应和关系显示出来。《礼记·乐记》中就有此类比喻性描述：

> 大乐与天地同和，大礼与天地同节。和，故百物不失；节，故祀天祭地。明则有礼乐，幽则有鬼神。如此，则四海之内合敬同爱矣。[2]
>
> ……
>
> 乐者，天地之和也。礼者，天地之序也。和，故百物皆化；序，故群物皆别。乐由天作，礼以地制。过

1　在儒家思想之中，天、地与人被视作三才，以构成宇宙、世界或自然。在道家思想之中，三才加上道被视作宇宙中四项伟大的事物。
2　孔颖达：《礼记正义》，上海古籍出版社，2008，第1474页。英文参 *Li Chi: Book of Rites* (Vol. II), trans. James Legge (New York: University Books, 1967), p. 99。

制则乱，过作则暴。明于天地，然后能兴礼乐也。论伦无患，乐之情也；欣喜欢爱，乐之官也。[1]

在儒家看来，宇宙作为整体在广义上被视作"天地"，在狭义上被视作"四海之内"（象征整个地球）。"天地之和"一般是指宇宙和谐。音乐被视为"天地之和"，正是这样的和谐，使"百物不失""百物皆化"。这表明和谐本身具有创造与生产潜能，故此被标举为天地之大德。与此同时，礼仪被视为"天地之序"，也就是说，礼仪"与天地同节"。礼仪的别异性，涉及万物运行中的秩序之别；礼仪通过模仿地上所示的秩序表象，凸显出宇宙的力量。

所以说，"乐由天作，礼以地制"。礼乐二者，均应充分考虑和谐与秩序，均应遵循中正原则，否则就会丧失各自的功能价值与实质特征。例如，音乐不可过于造作，因为"过作则暴"，令人无法欣赏；礼仪不可过于繁复，因为"过制则乱"，社会就会失序。既然天地有别且又不可分离，那么，礼乐源自天地，亦同此理。正是这个

---

[1] 孔颖达：《礼记正义》，上海古籍出版社，2008，第1477—1478页。英文参 *Li Chi: Book of Rites* (Vol. II), trans. James Legge (New York: University Books, 1967), pp. 100 - 101。

原因，才有对金、石乐器的综合性使用，并在不同场合按不同风格与礼相结合。礼乐演奏多用于如下圣地：祖庙、大地与谷神的祭坛、祭祀山川之神的殿宇，以及祭祀其他超自然神明或精灵的处所。在这些场景之中，音乐多用于表达互爱之情，而礼仪则多用于促进敬重之感。礼乐的融合，尤为必要，因其不仅帮助人们理解并掌握天地之间的秩序与和谐，还能促使人们将这种理解运用于人际关系及社会活动之中，以培养互相尊重、相亲相爱的情感。在礼乐的智慧与完备之中，人们观察到天地的力量，这种力量使人们能够师法于天地之道。由此可以察觉人们对待宇宙（天地）的艺术态度，这方面尤其与礼乐艺术相关。以下所述便是明证：

> 天高地下，万物散殊，而礼制行矣。流而不息，合同而化，而乐兴焉。春作夏长，仁也；秋敛冬藏，义也。仁近于乐，义近于礼。
>
> ……
>
> 地气上齐，天气下降，阴阳相摩，天地相荡，鼓之以雷霆，奋之以风雨，动之以四时，煖之以日月，而

百化兴焉。如此，则乐者，天地之和也。[1]

以上引文表示天地之间的运行状态，也就是宇宙或大自然自身的大化流行状态。动态互动形成"联动"，依次引致一年四季的"化育"循环。春夏秋冬特征有别，结果不同，在此类比为两种主要德行：仁与义。既然"仁近于乐，义近于礼"，那么四季相应就与礼乐艺术相关联。进而言之，地气上齐，天气下降，像雷电风雨四季等自然现象以及日月等天体，虽以各种方式运作，但却能形成和谐活动。这种行动不仅能提供制作音乐的结构，还能推动万物化育的过程。至关紧要的是，"化不时则不生，……天地之情也"[2]。这一关键要点，关乎"天地之大德曰生"。

再者，礼乐与天地之间的互动关系，在此际遇暗示出人文艺术与宇宙秩序之间的联系。这便预示一种包含在人类情感与美德之中的共在性和谐，同时表示一种艺

1　孔颖达：《礼记正义》，上海古籍出版社，2008，第1482—1485页。英文参 *Li Chi: Book of Rites* (Vol. II), trans. James Legge (New York: University Books, 1967), pp. 102‑104.

2　孔颖达：《礼记正义》，上海古籍出版社，2008，第1486页。英文参 *Li Chi: Book of Rites* (Vol. II), trans. James Legge (New York: University Books, 1967), p. 104.

术化宇宙观。这种宇宙观实则是以情感为本位的人化结果，借此在宇宙与人类之间注入了一种有情而亲密的关联性。此外，这种宇宙观还意指一种艺术表现，一种对于宇宙模式而言尤为独特的共在性和谐的艺术表现，但并不涉及对自然界诸物象的机械性模仿，因此不同于亚里士多德的艺术模仿自然的理论。顺便提及，在儒家传统中，艺术化宇宙观可以说是"有情宇宙观"的延伸，二者均象征着人类与宇宙即自然母亲的重要共存关系。所有这些均有助于从人本主义角度理解儒家思想传统。

从上述内容判断，我们可以得出如下结论：和谐的宇宙模式具有推升天、地、人之间积极互动关系的作用。它所采取的方法有三：一是模仿音调变化，创作音乐（作乐），以应天地之和；二是模仿万物运作，创制礼仪（制礼），以示天地之序；三是为了天地众生与神灵，礼乐并用，以便维护宇宙协和，追求共同利益。如此说来，礼乐功能一方面因其超凡与超自然特征而被神圣化，另一方面因其广泛运用于世间所有存在而被普遍化，再一方面因其用于规范民众行为与人格而被道德化。鉴于古人的宗教意识和社会心态，我们可以推断出礼乐功能在古代深受重视。然而，这一功能如今不再具有现实意义，只会引起考古学家的研究兴趣，经常被视同博物馆的一件展品而已。

相比之下，道家有意轻视礼乐传统，主要关注宇宙或自然本身。道家所开启的一种宇宙论观点，就体现在和谐的宇宙模式之中。老子在《道德经》里曾言：

> 道生一，
>
> 一生二，
>
> 二生三，
>
> 三生万物。
>
> 万物负阴而抱阳，
>
> 冲气以为和。[1]

值得注意的是，这种道的观念，有些类似希腊的始基（archē）理念，不仅表示原初起因，而且意指决定性质。道被理解为宇宙万物之根。道同于一，一等于全，全则是宇宙发生时天地未分的本源。人们还以类比的方式，将道视为宇宙的混沌状态，其中万物初始，浑然一体，彼此无别。通常，"一"作为道的另一名称，用以表示

1　英文参王柯平：《老子思想新释》，外文出版社，2010，第58页。中文参该书附录《老子道德经》（修订版）第四十二章。

万物之始;"二"则指阴阳二气,代表两种相反相成的力量。许多研究老子的中国学者假定,万物是由互补互动的阴阳二气所生。"三"则指阴阳互动所产生的三种气。其一是阴气,其二是阳气,其三是冲气,即阴气与阳气的融合结果。此三气各自发挥作用,形成和谐之境,从中滋生与化育万物。有鉴于此,老子得出"万物负阴而抱阳"的结论。[1]

在此情形下,"冲气以为和",既表示阴阳互动所生的结果,也表示宇宙的一种基本特征。"冲气"所为,不仅创生万物,而且助长万物。"知和曰常,知常曰明。"[2]在这里,"和"是宇宙的基本原理。"和"具有创造力,若离开"和",万物既不能生成,也无法存在。因此,真正理解"和"等于"常",就显得尤为重要。"常"暗示最高规范,一方面决定万事万物变化的过程,另一方面代表处理所有人类事务的最佳方式。因此,"常"与"道"等同。在老子那里,道有三类,描述如下:

1　王柯平:《老子思想新释》,外文出版社,2010,第58—60页。
2　赵佶注《宋徽宗道德真经解义》,章安解义,万曼璐点校,华东师范大学出版社,2017,第166页。英文参 Zhang Dainian, *Key Concepts in Chinese Philosophy*, trans. Edmund Ryden (Beijing and New Haven: Foreign Languages Press and Yale University Press, 2002), p. 273。

天之道，其犹张弓与？

高者抑之，下者举之；

有余者损之，不足者补之。

天之道，损有余而补不足；

人之道则不然，损不足以奉有余。

孰能有余而奉天下？

唯有道者。

是以圣人无积，

既以为人己愈有，

既以与人己愈多。

故天之道，利而不害；

圣人之道，为而不争。[1]

通过对自然现象的直觉与经验观察，诸如过渡与变化、运动与交替、生长与衰落、人世间的沉浮与生死等等，老子得出如下结论："天之道"自然而然，其功能如同自然规律，自身无须强加、控制或妄为，而使万物是其

1　英文参王柯平：《老子思想新释》，外文出版社，2010，第67—70页。中文参该书附录《老子道德经》（修订版）第七十七章。

所是，成其所成。"天之道"是宇宙的核心，旨在保持万物的平衡。

再者，老子深知自己所处的混乱时代的严酷现实，敏锐观察到诸侯国之间不断发生冲突与战争。因此，他将"人之道"描述为普遍社会法则或人类行为规则，这与"丛林法则"相似。老子将贪婪与占有欲设定为"人之道"的根本特征。依照老子的思路，"人之道"本身若广受推崇，肯定会激起无止境的贪婪和欲望，会使人渴求占有更多东西；这样必然会引发人剥削人与阶级歧视的现象，进而会造成人与人之间的冲突与争斗，最终会导致社会的混乱与苦难……总之，这将形成恶性循环。这正是"人之道"遭到谴责与抛弃的原因。

鉴于"人之道"的负面性相，老子着意标举"天之道"，这不仅是为了借此抗衡"人之道"的弊端，而且是将其奉为终极意义上的参照系，因为"天之道"具有诸多伟大德行，诸如普遍的无私之心与平衡天下万物的高贵精神。换言之，人们应当效仿、追随与遵循"天之道"。这恰是老子的理想，也是他对自己同时代人悲惨境遇深表关切与同情的结果。不过，尽管是善意而为，但此主张仍然显得异想天开，与严酷现实形成鲜明对照。

然而，对于我们目前所生活的这个竞争激烈、问题重重的社会而言，老子的上述愿望并不一定意味着毫无教益。

值得一提的是，"天之道"也反映在老子如下言论之中："天地相合，以降甘露，民莫之令而自均。"所有这些均可被视作平均主义或财产均分观念的思想来源，此观念实则深深植根于中国人的心态之中。不过，当人们从社会学立场来欣赏其好处（有益于社会稳定）时，万不可从经济学角度忽视其弊端（不利于经济发展）。在现今的中国社会经济改革过程中，国人对"大锅饭"（"同酬不同工"）现象相当敏感且高度关注。

据老子所说，圣人是得道（天之道）者，具有大爱与慷慨之类的美德，通常转化为绝对的给予者。"圣人之道"正是"天之道"在社会或人类实践中的实现与扩展。老子鼓励所有人都应崇尚道家圣人的这些美德，同时在实践活动中习仿圣人，成就自己的人格。唯有如此作为，社会方能太平无事，人们方能和睦相处。

第三章　化育模式

质而言之，和谐的化育模式（the generative mode of harmony）旨在养育和生产，此乃诸多互动力量或元素引致的结果。这些力量或元素虽然彼此各异，但却导向和谐与合作，因为它们共享着一种根本性的互补关系，在理想状态下涉及转换性创造的可能性。通常象征这些力量或元素的，就包括天地、阴阳、男女、刚柔、高低、明暗、五味（甜、酸、苦、辣、咸）与五音（宫、商、角、徵、羽）等。原则上，和谐的化育模式与其整合模式相关，此二者至少在动态意义上是彼此促进的。

从《周易》中可以看出，化育模式是通过六十四卦予以象征性图示的。其中最为典型的是泰卦（䷊），由两个卦象组成，乾下坤上，象征天地交合，基本意思是安泰亨通、和顺吉利。据《周易·象上》所述，天地交而万物通，上下交而其志同。内阳而外阴，内健而外顺，内君子而外小人，君子道长，小人道消。此外，天地交合也意味着阴阳交合。阴阳作为两种原初化育力量，在此交合顺畅状态下，有助于促进万物生长、变化和繁衍。与此同时，这一卦象在社会政治意义上喻示君（上）与臣（下）交流通畅，关系和谐。这将有助于成就因循天地之道的规则，有助于运用和调整这些规则实现共同利益，为民众谋福祉。[1] 简言之，天地交合互通，使万物化育得当，使民众生活有福。这便与"天地之大德曰生"的传统信念相符。若无这种"生"的能力，人类与万物不会生成，不会成其所是。据此则可证明变化（易）的本性，在生产与动态意义上，与化育力量紧密相关。

化育能力（生）备受推崇，被尊为"大德"，因为它关乎所有事物与所有存在的生命。这一点在《周易·系辞上》中得到进一步说明与强调：

> 一阴一阳之谓道，……日新之谓盛德。生生之谓易。成象之谓乾，效法之谓坤。[2]

所谓"日新"，意指"通变"。这一状态等同于"盛德"（replete virtue）或"至德"（abundant virtue），因为它具有

---

1 李道平：《周易集解纂疏》，潘雨廷点校，中华书局，1994，第164—165页。英文参理雅各译《周易》，秦颖、秦穗校注，秦颖今译，湖南出版社，1993，第57页。
2 李道平：《周易集解纂疏》，潘雨廷点校，中华书局，1994，第558—562页。英文参 Richard John Lynn trans., *The Classic of Changes* (New York: Columbia University Press, 1994), pp. 53 - 54；另参理雅各译《周易》，秦颖、秦穗校注，秦颖今译，湖南出版社，1993，第297页。英文原书中，笔者据中文版修改了英译文。

育养万物的能力。所谓"易",意指变化或转变的过程。具体说来,这里是指阴阳两种气互相变化,由此化育出生命。所谓"乾",意指天,象征纯阳。所谓"坤",意指地,象征纯阴。正是道形成"乾"之象与"坤"之法。至于"生生"这一表述,在大多数流行的解释中,被看作是对生成或化育力量的强调,关乎"生生之谓易"原说中"易"的本质和德行。不过,就此而言,有一种新说法令笔者觉得更为合理。[1] "生生"的第一语词"生",意指万物的开端,是由"乾"(天与纯阳)的伟大初始力量所创造。这见证于如下论述:"大哉乾元,万物资始,乃统天。云行雨施,品物流形。"[2] 至于"生生"的第二语词"生",字面意思是复而生成万物。然而,据中文原文语境所述,它是指万物的资生而非万物的创造,此种资生或育养得助于"坤"(地与纯阴)的伟大"资生"能力。这见证于如下论述:"至哉坤元,万物资生,乃顺承天。坤厚载物,德合无疆。含弘光大,品物咸亨。"[3] 简言之,"乾"作

---

1 聂振斌:《古代生命哲学与中国艺术生命论》,《艺术百家》2016年第2期,第33—34页。

2 李道平:《周易集解纂疏》,潘雨廷点校,中华书局,1994,第35—36页。英文参 Richard John Lynn trans., *The Classic of Changes* (New York: Columbia University Press, 1994), p. 129.

3 李道平:《周易集解纂疏》,潘雨廷点校,中华书局,1994,第71—73页。英文参 Richard John Lynn trans., *The Classic of Changes* (New York: Columbia University Press, 1994), p. 143.

为天与纯阳，创造了万物；而"坤"作为地与纯阴，滋养了万物。彼此通力协作，因循变化之道（易），促成万物的生命与生长。由此看来，对"生生之谓易"一说更合逻辑的解释应为："创生和资生万物的能力可称之为易。"

诚如在其他中文典籍中所见，有关和谐化育模式的说法数不胜数，虽然观点各异，但均有相似目的。譬如，《国语》中就有一段史伯的著名论述：

> 夫和实生物，同则不继。以他平他谓之和，故能丰长而物归之，若以同裨同，尽乃弃矣。故先王以土与金木水火杂，以成百物。是以和五味以调口，刚四支以卫体，和六律以聪耳，正七体以役心，平八索以成人，建九纪以立纯德，合十数以训百体。出千品，具万方，计亿事，材兆物，收经入，行姟极。故王者居九畡之田，收经入以食兆民，周训而能用之，和乐如一。夫如是，和之至也。于是乎先王聘后于异姓，求财于有方，择臣取谏工，而讲以多物，务和同也。声一无听，

色一无文，味一无果，物一不讲。[1]

据中国古史所载，史伯是周朝的一位重要史官。他所生活的时期，比孔子时代早约两百年。上述言论是史伯在与周桓公讨论王朝衰落趋势时所陈述的个人见解。周桓公是周幽王之弟，时任司徒，主管教化。史伯之言，实为上呈帝王的政治谏言与为政策略。其所言"和"的概念，与"同"的概念形成鲜明对照。"和"能产生万物，"同"则难以为继。"和"意味着在数量无限的事物之中协和此物与彼物，这样使得万物能够不断生长，持续创化，由此吸引更多事物。"同"意味着在数量有限的事物范围之内，将同类事物相加在一起，当相加结束时，也就不再有何用处了。因此，这种"和"的概念，即指把某甲在某种层面上与某乙放在一起，从而接受某种多样性，而非将所有的事物削减为"同等"事物。除了引发某种辩证争论之外，这听上去相当符合逻辑且合乎情理。也就是说，不同事物之间的关系，并非矛盾或

---

[1]　韦昭注《国语集解》，徐元诰集解，王树民、沈长云点校，中华书局，2019，第498—501页。英文参 Zhang Dainian, *Key Concepts in Chinese Philosophy*, trans. Edmund Ryden (Beijing and New Haven: Foreign Languages Press and Yale University Press, 2002), pp. 270‐271。

对立的关系，反而是彼此依赖与互动影响的关系。若能以正确方式加以平衡，相互对立的不同事物就会成为相互补充的事物。在此意义上，"以他平他"便是"和"的前提，同时"和"又是"以他平他"的结果。

再者，上述"和"的观念，还表示不同力量或成分之间的和谐互动，这不仅能够产生新的事物，还能借助相应的变化或转化继而持续发展。相对说来，"同"的观念导致某种一律性，致使所有事物形成千篇一律的结果。这种情况最容易造成事物的停滞状态，就好像它缺乏化育能力或内在驱动力似的。自不待言，这既不能产生任何事物，也无法维系事物的持续性。因此，不难设想，和谐互动本身在任何情况下，均拥有化育性、生产性与再生产性的能力。简言之，将"和谐"这一术语加以引申或扩展，可用来描述不同事物之间的统一。其化育能力可应用于五行、五味、六律与七脏的运作活动。与此同时，还可将其应用于行政管理和社会凝聚，因为它既对不同观念与不同批评均持开放态度，又意味着对拥有不同天分的不同类型之人的包容。相反，"同"则依附于一律性或相同性，既不能化育，亦无法生产。

史伯对"和""同"差异的论述，因其哲理敏锐而影响持久。我们发现这对后世诸多思想家产生了巨大影响。这里面就包括管子、晏子、孔子、庄子与荀子等等。与"和""同"差异的思路相类似的是，管子（？—前645）再次确认了"和乃生，不和不生"的观点；晏子（？—前500）强调了"和而不同"的重要意义；孔子区别了"君子和而不同，小人同而不和"的差异；庄子肯定了"至阴肃肃，至阳赫赫，……两者交通成和，而万物生焉"之说；同样，荀子坚信"万物各得其和以生"的道理。凡此种种，不一而足。正是由于如上原因，史伯被某些现代思想家尊为中国历史上的首位哲人。

第四章 整合模式

在和谐说的构成模式中，整合模式（the synthetic mode of harmony）与容纳模式两者是相辅相成的。整合模式强调不同元素之间在功能意义上的配合协调，容纳模式则着眼于道德意义上不同立场间的互相理解与包容吸纳。和谐的整合模式不仅仅强调和与同的差别，还要求基于共同追求，对不同要素进行适当整合或融合。晏婴在与齐王对话之时，借用"和如羹焉"的类比方法，形象地说明了和与同这两个不同范畴。其所言"羹喻"如下所述：

> 公曰："和与同异乎？"对曰："异。和如羹焉，水、火、醯、醢、盐、梅，以烹鱼肉，燀之以薪，宰夫和之，齐之以味，济其不及，以泄其过。君子食之，以平其心。君臣亦然。君所谓可而有否焉，臣献其否以成其可；君所谓否而有可焉，臣献其可以去其否，是以政平而不干，民无争心。故《诗》曰：'亦有和羹，既戒既平。鬷嘏无言，时靡有争。'先王之济五味、和五声也，以平其心，成其政也。声亦如味，一气、二体、三类，

四物，五声，六律，七音，八风，九歌，以相成也；清浊、小大、短长、疾徐、哀乐、刚柔、迟速、高下、出入、周疏，以相济也。君子听之，以平其心。心平，德和。故《诗》曰：'德音不瑕。'今据不然。君所谓可，据亦曰可；君所谓否，据亦曰否。若以水济水，谁能食之？若琴瑟之专一，谁能听之？同之不可也如是。"[1]

从上述"羹喻"中可以看出，仅凭一味原料无法烹制出美味的羹汤；同理，仅靠一个音符无法创作出动听的乐曲。只有五味调和的羹汤才能使人食欲大振。这五味包含甜、酸、苦、辣、咸，每一种味道都非常独特，但在与其他味道巧妙调和后，反而使得羹汤风味更加丰富鲜美。乐理也是如此，只有宫商角徵羽等五音六律相互协调合奏，才能谱写或演奏出动听感人的乐章。因此，只要掌握好"和"的原则，使不同材料各尽其用而不相互妨碍，相互协调而有机统一，便会取得适度的预期效果。当然，"和"这一范畴还有更多引申之义。

1　杨伯峻：《春秋左传注》，中华书局，2009，第1419—1420页。英文参 Zhang Dainian, *Key Concepts in Chinese Philosophy*, trans. Edmund Ryden (Beijing and New Haven: Foreign Languages Press and Yale University Press, 2002), pp. 271 - 272。

在一方面，"和"包含了一种万物共生共荣而不相妨害的和谐互济关系。这种关系不仅体现在烹调和音乐之中，也体现在君臣百姓各安其位的政治秩序之中。即便不同阵营之间的意见或看法有所差异，各自若能依据"和"的原则，站在他人的立场上进行思考与磋商，也有可能达成一定程度的共识与相互理解。当各种积极的力量得到充分发挥、负面消极的影响受到抑制的时候，就有可能求同存异，互利共赢，避免彼此恶斗，两败俱伤。因此，"和"的境界一直是中国政治哲学及其治国理政的最高理想。如果背离"和"的原则，朝臣或幕僚一味谄媚附和君上或主政者，唯唯诺诺，众口一词，形成一种上下统一的假象，盗用"和"之名而行"同"之实，这实属"同而不和"的状态，最终会导致治国理政偏离中正之道，悖于"天下为公"之法，其不良后果可想而知。由此可见，"同"在本质与效应上均与"和"背道而驰。

更具体地说，君臣之间的互动关系近乎如下所述：当发觉君王的正当想法中包含错误成分时，臣子理应指出其中的错误之处，同时强化其中的正确之处。当发觉君王的不当想法中包含正确的成分时，臣子理应指出其中的正确因素，同时剔除其中的错误因素。如此一来，就会政通人和，符合礼治，使民众从中获益良多。因此，在中国政治领导艺术或政治哲学中，君臣和洽总被奉为至上策略。相反，如果臣子盲目追随君王或唯命是从，就会貌似所见略同或形成虚假和洽的表象，这实则就是所谓的"同"。结果，君王做出的决定或决策，从实际情境来看，可能是片面失衡的或误导性的。实际上，"同"的此类特征，显然与"和"的真实特征迥然相异。倘若在现实中，"同"的这些特征发生在国家决策与治国理政之中，那将会使至少半数的君王或主政者误入歧途。

在另一方面，与和谐说相关的整合模式，旨在对不同的要素进行创造性转化。在此过程中，所有的要素都参与进来，相互转化协调，同时又保留各自独特性，最终会通融合，相得益彰。亦如盐溶于水，看似无形，实则味在其中，而且与其他甜酸等味相互掺融，形成更加美味的汤肴，取得"咸酸杂众好，中有至味永"的奇效。这一追求"和"的过程，是一种创造性转化与调谐过程，其前提并非采取削足适履的做法，将其强行纳入简单同一的模板之中，而是承认并容许相关元素之间的差异与分歧，然后根据"求同存异"与"过犹不及"的正确性原则，适当调整这些差异与分歧，将其配置在某种相宜的地位、情况、结构中，使其各得其所，统合为一个多样统一的系统，最终构成和谐与发展的合力。这里所涉及的各种元素，均是个性独特而不可或缺的组成部分，彼此之间将结为协调促进的互补关系，继而构成充满活力的有机整体。在此整体中，每个元素各尽所能，相互补充，创化不已，有助于这个整体不断自我更新和发展壮大。相比之下，尚"同"的系统习惯于排除异己，不能接受不同元素，因此无法取得积极包容的成果，反而会走向趋同单一的老路，到头来只能听到一种声音，仅能顺从一种意见。久而久之，势必造成"万马齐喑"的困境，致使社会管理氛围犹如一潭死水，失去生命活力或创化机制。就像晏婴在"羹喻"中所言：仅用一种原料调制出的汤肴，必定会索然无味、乏善可陈。同理，仅靠简单同一的社会管理系统，通常会缺乏继往开来的生命力和创造力。有鉴于此，唯有符合多样统一或和谐原则的有机整体，方能生生不息，持续发展，这也应和了"和实生物，同则不继"[1]的中国古训。

总之，羹喻旨在建议主政者采取真正和谐的态度，

---

1 韦昭注《国语集解》，徐元诰集解，王树民、沈长云点校，中华书局，2019，第498页。

拒斥实际同一的态度。因为，前一种态度在实质上是建设性的，能使主政者去做适当与正义之事；相反，后一种态度在原则上是误导性的，会诱使主政者做出错误的决策，进而去做不当与不义之事。

第五章　交合模式

和谐的交合模式（the reciprocal mode of harmony）可溯至《周易》一书。该书实质上具有半宗教性与半哲学性。构成此书的六十四卦及其详尽解释，来自历史的诸多阶段。至今，此书依然被用作蓍草占卜与铜钱占卜的指导手册。王弼（226—249）之时，《周易》已存在千余年。作为此书的主要阐释者，他认为书中充满道德与政治智慧，因此不能限于字面上的解读，而要将其视为抽象理念的表达。参照中国整个思想史来看，我们会发现此书是中国思想的重要源头之一，与儒、道、墨、法和农等不同思想流派相关联。如今，书中所呈内容被看作人生哲学与生活策略。实际上，此书的思路不仅涉及原初宇宙演化论，而且涉及社会人类学等等。

这一归纳见于如下论述：

> 有天地，然后有万物。有万物，然后有男女。有男女，然后有夫妇。有夫妇，然后有父子。有父子，然

后有君臣。有君臣，然后有上下。有上下，然后礼义有所错。[1]

从宇宙演化论的视域看，天地之间的互动，再次被视为化育万物的根本力量。故此，男女之别便被视为夫妇婚姻关系的主因。从人类学观点来看，这不仅促成人类世代繁衍，而且引致社会结构出现。

在《周易》咸卦（☶☱）中，卦象由上下两卦所构成。上卦为兑，兑为泽为悦（欢愉），用以象征阴柔，代表年轻女子。下卦为艮，艮为山为咨（克制），用以象征阳刚，代表年轻男子。阴阳二气，相互刺激，相互感应，最终融合为一。一方欢愉，一方克制。柔上而刚下，象征"男下女"，是以"亨利贞，取女吉"也。通常，天地相荡，万物得创生。由于圣人激发人类心智，整个世界得以安宁。同样，由于阴阳二气融合为一，新生命的创化得以成为可能。从经验上讲，该卦象表明交感作为一种刺激之事，关乎青年男女的自然交合。因此，当其涉及互爱

1　李道平：《周易集解纂疏》，潘雨廷点校，中华书局，1994，第 313 页。英文参 Richard John Lynn trans., *The Classic of Changes* (New York: Columbia University Press, 1994), p. 330。

行为时，可被视为两性之间和谐的交合模式。与此相关的象征性详述如下所示：

初六。咸其母。（此爻暗示交合者处于感应之初，以此象征感应开端。这时的感应发生在脚拇指上。）

六二。咸其腓，凶。居吉。（此爻暗示交合感应路径上升一个阶段，离开脚拇趾，上升到腿肚处。爻辞说"凶"，示意不可急促冒进或任意妄动，否则就会导致灾祸。所以爻辞说"居"，示意只要安居静处，便可以避灾远祸。）

九三。咸其股，执其随，往吝。（此爻示意大腿随脚运行。前行时无法控制运动，后退时无法静止不动。[1] 当感应到了大腿上时，就暗指某人倾向于追随他人或随人而走……有鉴于此，就需要亮明自身，小心谨慎，以便守静无吝……）

九四。贞吉悔亡。憧憧往来，朋从尔思。（此爻属阳位，为上爻之始，与初六阴爻呼应，位于身体的中心，高于前面的大腿处。此时，两个身体 [男女分别象征

1　孔颖达疏为："足动则随，不能自处，常执其随足之志。"程颐释为："股者，在身之下，足之上，不能自由，随身而动者也。"程氏所释更准。

上下两卦] 开始相互联系并刺激，因为他们共享同一倾向；他们的心志或精神最先受到刺激。每当一个人感受到这一刺激却无法把控时，就会导致灾难。这就是为什么人务必恒常坚持，因为只有这样才能获得好运或善果，而唯有好运才能使人规避任何可能令其后悔之事……另外，男女交合之际，似分主客两方；主方需要冷静观察和了解客方，要能发现和利用相关的机会，从而使客方顺应主方的意愿。）

九五。咸其脢，无悔。（感应抵达后背。所谓"脢"，意指后背脊椎附近的肉，后背脊在心之上，在嘴之下，属于敏感部位。再往上运行无需巨大刺激，再往后运行也并非毫无目的，只不过其目的肤浅而微渺。这就是该处言及"无悔"的原因。）

上六。咸其辅颊舌。（感应到牙床、面颊和舌头处。交合的路径在此阶段逐渐消失。这就是为什么感应在此变成口舌说出的话，而非其他。）[1]

以上所有描述，表明两个相爱之人的互动感应过程。

1　李道平：《周易集解纂疏》，潘雨廷点校，中华书局，1994，第316—320页。英文参 Richard John Lynn trans., *The Classic of Changes* (New York: Columbia University Press, 1994), pp. 330‑333。

这个过程从"脚拇指"开始，上移至"腿肚"，上转到"大腿"，再行至"后脊背"，后抵达"辅颊舌"。不同阶段出现的不同感觉和激情，源自发生在身体不同部位的相互刺激。夫妻之间自然与和谐的交合，始于身体下端的触感。这在爱的艺术中是有效的，至今依然如故。

　　不过，相互之间的爱在此处意指某种不得不跟随之事；同时，有必要在此时拥有正确态度和采取恰当行为，以期维系良好关系，避免糟糕的厄运。因此，这里特别强调"咸其脢"或后背脊感应阶段。据孔颖达（574—648）所释，后背脊处于心之上与口之下。前一感应阶段已占据身体的中心，属于心脏和精神感受刺激之处。这一感应阶段更高于前一感应阶段，相关刺激已然发生在了脊背之上。要抵达脊背，定要经过心脏，这就是再往上运行定然不会涉及巨大刺激的缘由所在，因为心脏正是在此承受最大刺激的地方。同时，由于后背脊的位置高于心脏的位置，那么由此后退虽然并非没有目的追求，因为心脏也是意愿或意志的处所，而后退就是接近心脏，但这样的目的追求难免显得肤浅或微末。[1]

1　十三经注疏整理委员会整理《周易正义（十三经注疏）》，北京大学出版社，2000，第166页。英文参 Richard John Lynn trans., *The Classic of Changes* (New York: Columbia University Press, 1994), p. 334。

作为一种隐喻表述,"辅颊舌"(牙床、面颊与舌头)乃是言语得以表述的器官或工具。当感应发生在其中时,就会从口腔流溢出言语。这种言语或许在积极意义上是温柔的、甜蜜的、真诚的、充满感情和仁爱的。若是毫无诚意,信口开河,那言语就会走向极端,成为空谈,进而令夫妻或恋人的关系处于危险之中。因此,在这方面,言语需要真诚、真挚与诚实。

第六章 范导模式

在原典儒学所标举的古代政治领域里，和谐的范导模式（the paradigmatic mode of harmony）备受推崇，被视作一种历史范式与政治理想，因为它强调了协和人际关系与社会交往的意义，最终目标是促成"仁政"。在孔子看来，上述范导模式的促成，需要充分践行礼乐文化传统。

从目的论上讲，和谐的范导模式旨在追求国泰民安。这里的和谐观念，被奉为国家善政良治的根本指南或指导方针。不过，"和"之为用，难以单行，特别需要礼乐文化的辅助，其中包括作为典章制度的礼仪、权威的规定、制度体系与道德规范等，这涉及"礼由外作"的强制性功能。与"礼"密切关联的"乐"，意在"乐由中出"，即从心灵深处教育与感化民众。有史以来，在儒家思想中，"和"的理念一直被尊为中国政治领域的最高成就。从原则上讲，和的理念旨在维系秩序与安宁，借此确保社会进一步发展的可能性、建设性与可持续性。当这一发展在相当程度上得以实现时，社会的每个成员，从男女老幼到矜寡孤独残疾者，均能过上一种相对美好与公正的生活。总之，和谐是善政良治的先决条件，善政良治旨在勠力追求终极目的，终极目的就是确保人民过上美好生活。这一切均指向上述政治理想。

在《论语》中，这一理想以类比方式得到表述。其曰：

> 礼之用，和为贵。先王之道，斯为美；小大由之。有所不行，知和而和，不以礼节之，亦不可行也。[1]

言"和"至此，同美并论，实则与礼乐传统相关。据历史典籍所载，中国古代礼仪在很大程度上是一种颇具艺术色彩的演示系统，连祭祖尊神也概莫能外。这类演示系统不仅要遵守约定俗成的礼制，而且要伴随符合礼数的乐舞。在礼仪进程中，达成多样统一的和谐境界，既是最佳效果，也是最终目标。也就是说，礼仪演示活动是否合宜而感人，取决于诸多因素，尤其是遵守礼制的规定与程序，选择适当的音乐与乐器，编排合乎礼数的舞者与舞蹈等等。在这里，"和"的艺术效应远

1　杨伯峻：《论语译注》，中华书局，1980，第8页。英文参Confucius, *The Analects*, trans. D. C. Lau (London: Penguin Books, 1979), 1:12；理雅各译《汉英四书》，刘重德、罗志野校注，湖南出版社，1992，第69页。据中文原文来看，英译文略有不同，但两个版本的英译文均强调了这段文字。

不止于审美鉴赏体验，而是延伸至关乎社会秩序的实际功用。

要知道，合宜而感人的礼仪演示活动，在特定场域中象征着张弛有度的社会秩序，意味着协同共济的为政机制，当然也包含着人文教化的道德目的。值得注意的是，孔子认为"和"是为政的关键所在，与其在音乐中的作用相应相若，有利于上下尊卑各因其序，彼此之间体谅包容，不同阶层和谐共存。这也正是"先王"重视"和"的原因所在。

不过，"和"的境界虽然高远，但容易流于空泛。故此，为了保证"和"的效用，"先王"根据不同的情势，用具体的礼仪制度，将"和"条理化、规范化、文雅化、直观化。这意味着一种衡量和谐与否的合理尺度。该尺度一方面基于典礼制度与行为准则的规范引导，另一方面基于因地制宜与审时度势的灵活判断。否则，"和"就会被简单化（simplification）或模式化（patternization），从而失去"和而不同"的特质与功效。对此，人们不禁要问：执政者为何如此重视"和"？"和"与"同"的区别到底何在？

特别对于现代的党派政治来说，范导模式具有重要的现实意义。在某些条件下，党派政治要么是建设性的，要么是破坏性的。若是这种政治将国家利益置于党派利益之上，并致力于将所有党派的集体智慧汇聚起来，同时行政管理上建立起互相监督的稳固体系，那就会以建设性的方式管理国家事务。自不待言，这将会为共同福祉与社会福利做出适当合理的决策。更重要的是，这将会有助于强化健康的民主和政府的善政。

反之，如果党派政治囿于利益团体，将党派利益置于国家利益之上，热衷于权力游戏或无休止的内斗，那就极有可能将相关党派之间的可能合作推入险境。若是他们各吹各调，各走一径，那就会偏离共同道路，采用各自的方式追求各自的利益。其所作所为，倾向于取悦选民的好恶，以便在竞选中获胜。这样就会导致民粹主义抬头，就会在混乱情况下削弱健康民主的精神，就会促使越来越多的人索取更多的个人权利，回避更多的社会义务或责任，最终绑架或操控政坛。当民粹主义与糟糕的党派政治以潜在模式沆瀣一气时，情况尤其如此。

历史上，极端的民粹主义会显现为极端的民主制，这容易结出两种恶果。一是腐败的民主制，此乃孕育僭主制这种最坏政体的温床。对这种政体的变迁与权力更迭的阴暗画面，柏拉图以讽刺的方式在《理想国》里进行了揭露[1]。另一恶果则是"剧场统治"(theatrokratia)，其起因是过度寻求快乐的欲望，而这种欲望则是"道德堕落"的组成部分。对其演化与后果，柏拉图以批判方式，在《法礼篇》里进行了阐述[2]。

因循柏拉图的思路，笔者以为，在上述两种情况里，"过度自由"一旦与糟糕的领导集团和混乱的无政府状态相关联，其结果将是破坏性的。此外，这种自由还会呈现出其他形式。起先，人们变得不愿臣服于权威人士；接着，他们拒绝听从自己父母与兄长的告诫。当他们飞奔向这条自娱自乐之路的尽头时，他们就会尝试着逃避法律的权威管辖；在他们走到这条路的终点之际，他们一般就不再在乎誓言、承诺与宗教了。他们显露出故事里描述的那些古老泰坦巨人的特性，就好像自己就是这些巨人的化身，因此陷入与泰坦巨人类似的处境，以至过上一种充满无尽苦难的悲惨生活。[3]

---

1 Plato, *The Republic*, trans. Allan Bloom (New York: Basic Books, 1968), 558b–558c, 562c–563e.
2 Plato, *The Laws*, trans. Trevor J. Saunders (London: Penguin Books, 1975), 700a–701b.
3 Wang Keping, "The Theatrocracy and Corrupted Democracy," in *Rediscovery of Sino-Hellenic Ideas* (Beijing: Foreign Languages Press, 2016), p. 276.

第七章　辩证模式

简言之，和谐的辩证模式（the dialectic mode of harmony）在于明智地处理对立双方之间变化的互动关系。这需要按照和谐或协和原则处理对立双方引发的冲突。在此情境中，其思路因循的是下列逻辑顺序：世间万事万物之间，客观存在着对立关系；这些对立关系不仅相互依存，而且还基于各自的功用和价值彼此互动。结果，它们在本体论意义上是共存的，在动力学意义上是对立的。当这种对立力量达到一定程度时，就会导致冲突的紧张状态。

在中国思想传统中，冲突双方的紧张关系可在如下情况下得到和解或缓解，那就是依据和谐或协和方式，使对立双方达成某种一致。这里对和谐与协和的强调，恰与中国思维方式中关注对立双方或差异之间的价值统合相呼应，这意味着最终化解冲突双方紧张关系的方法，就隐含在和谐或协和的力量之中。

据宋儒张载所述，和谐的辩证模式强调"反""仇"与"和"等几种力量之间的交互作用，呼唤一种解决矛盾或化解冲突的合理方式。这涉及依据和谐或协和原则化解冲突的一种哲学假设。张载就此指出：

> 有象斯有对，对必反其为；有反斯有仇，仇必和而解。[1]

从这一假设中，可以见出一种替代方法。从辩证角度看，张载所言揭示了事物相互对立、相互依存而又相互协调的动态关系。具体说来，世间的万事万物（象）之间，客观地存在着对立关系（反）；这种对立关系必然反映在彼此不同的功能作用（为）上，并在一定条件下演变为某种冲突关系（仇）；当这种冲突关系达到一定程度时，就需要借助协调或和解方式（和）予以纾缓或消减，否则就会失去控制，酿成更大的困局或灾难，从而对双方造成不可弥补的损失。这种因"象"而生"反"、因"反"而成"仇"、因"仇"而趋"和"的过程，在逻辑上呈现出一种朴素的辩证统一链，在效应上凸显出和则互利的实用思想。

1 王夫之：《张子正蒙注》，中华书局，1975，第25页。原书所用英文据 Wing-tsit Chan 英译文略作修订，参 Wing-tsit Chan, *A Source Book in Chinese Philosophy* (Princeton, NJ: Princeton University Press, 1973), p. 506。

　　需要指出的是，这种辩证模式在自然界里表现得并不明显，但在人世间却表现得异常突出。要知道，在人与人、家与家、村与村、部落与部落、公司与公司、民族与民族乃至国家与国家之间，由于各自追求不同的利益，经常出现不同的矛盾与冲突，有时甚至爆发不同形式或不同规模的斗争与战争。在此情况下，无论是用"强权即公理"的方式以大欺小，还是用非理性、非人道的极端方式以小搏大，都无法从根本上解决相互之间的问题，反而会加剧彼此之间的敌意。这就需要采用"仇必和而解"的和解原则，切合实际地缓解或消解矛盾冲突，最终取得彼此谅解与互惠双赢的可能结果。当然，以"和"化"仇"，以和平手段化解冲突，是有条件的，是需要双方协同努力的，也是需要以相应实力作为后盾的。因为，任何一厢情愿、单方面绥靖退让的做法，非但不能化解冲突，反倒会自取其辱，甚至酿成更大的冲突。

　　值得指出的一点是：有些事物互相对立，很难在正常情形之下达到和谐状态。水与火就是典型的例子。老话说，水火不容，更不用说水火相合了。然而，当水火被纳入一种由不同要素构成的系统中时，就会出现一种协和的循环机制。这一点在五行说中得到证明。"五行"

又称"五元素"或"五种物"，包括金、木、水、火、土。这套五行说可以追溯到古代的《尚书·洪范》，后与汉代的阴阳说联系密切。最早关于"五行"的论述如下：

> 水曰润下，火曰炎上，木曰曲直，金曰从革，土爱稼穑。润下作咸，炎上作苦，曲直作酸，从革作辛，稼穑作甘。[1]

上述说法揭示出"五行"中每一元素的特质。在古代，"五行"的相关特质是中国思想的重要组成部分。在中国思想史上，有关"五行"的思索与论说不断深化。在董仲舒（前179—前104）那里，"五行"的次序如下所述：

> 天有五行：一曰木，二曰火，三曰土，四曰金，五曰水。木，五行之始也；水，五行之终也；土，五行之中也，此其天次之序也。木生火，火生土，土生金，金

1　皮锡瑞：《今文尚书考证》，盛冬铃、陈抗点校，中华书局，1989，第246—249页。英文参 Zhang Dainian, *Key Concepts in Chinese Philosophy*, trans. Edmund Ryden (Beijing and New Haven: Foreign Languages Press and Yale University Press, 2002), p. 96。

生水，水生木……[1]

　　金胜木……水胜火……木胜土……火胜金……土胜水。[2]

　　"五行"的次序在此得到重新调整，借以呈现它们相生相克的化育序列。当"五行"处于相互关联的状态中时，它们彼此相生。不过，当其次序重置之后，则会呈现出上升之势。正是通过这种方式，"五行"次序倒转，彼此相克。如此一来，"五行"就转化为一种和谐的循环机制，因为它们均处于某种微妙的彼此对立与互补的互联之中。有鉴于此，它们在某种程度上显得应和于和谐的辩证模式及其化育模式。

　　正是基于这些现存的论述与阐释，王安石（1021—1086）针对"五行"的生产或繁衍潜能提出自己的评说。如其所言：

1　董仲舒：《春秋繁露》第四十二《五行之义》，载董天工《春秋繁露笺注》，黄江军整理，华东师范大学出版社，2017，第156—158页。英文参 Zhang Dainian, *Key Concepts in Chinese Philosophy*, trans. Edmund Ryden (Beijing and New Haven: Foreign Languages Press and Yale University Press, 2002), p. 100。
2　董仲舒：《春秋繁露》第五十八《五行相胜》，载董天工《春秋繁露笺注》，黄江军整理，华东师范大学出版社，2017，第179—182页。英文参 Zhang Dainian, *Key Concepts in Chinese Philosophy*, trans. Edmund Ryden (Beijing and New Haven: Foreign Languages Press and Yale University Press, 2002), p. 100。

"五行：一曰水，二曰火，三曰木，四曰金，五曰土"，何也？五行也者，成变化而行鬼神，往来乎天地之间而不穷者也，是故谓之行。……盖五行之为物，其时、其位、其材、其气、其性、其形、其事、其情、其色、其声、其臭、其味，皆各有耦，推而散之，无所不通。[1]

1　王水照主编《王安石全集》，复旦大学出版社，2016，1176 页。英文参 Zhang Dainian, *Key Concepts in Chinese Philosophy*, trans. Edmund Ryden (Beijing and New Haven: Foreign Languages Press and Yale University Press, 2002), pp. 101 - 102。

第八章　容纳模式

"和"与"同"之别,不仅适用于化育事物的可能性,而且适用于不同人的行为习惯。就各自特性而言,"和"倾向于为了共同基础而包容与调和不同因素,而"同"则倾向于拒斥任何不同因素,意欲用一个模式统摄所有因素,显得思路单一偏执。这方面的二元对立现象,体现在和谐的容纳模式(the receptive mode of harmony)之中。在很大程度上,这种模式建立在"和而不同"的原则之上。这种原则包含着一种道德寓意,关乎君子与小人之间的差异。

据孔子所述:

君子和而不同,小人同而不和。[1]

1　杨伯峻:《论语译注》,中华书局,1980,第141页。英文参 Confucius, *The Analects*, trans. D. C. Lau (London: Penguin Books, 1979), 13:23;理雅各译《汉英四书》,刘重德、罗志野校注,湖南出版社,1992,第69页;赖波、夏玉和译《论语》,蔡希勤中文译注,华语教学出版社,1994,第244页。李泽厚就此指出:"[孔子所言'君子和而不同']与'君子群而不党'、'周而不比'等章同义,即保持个体的特殊性和独立性才有社会和人际的和谐。虽政治,亦然。'同'、'比'、'党'就容易失去或要求消灭这种独立性和差异性。这话今天还很有意思,强求'一致'、'一律'、'一心',总没有好结果,'多极'、'多元'、'多样化'才能发展。"见李泽厚:《论语今读》,安徽文艺出版社,1998,第319页。

此论实与"君子群而不党""周而不比"等说同义。这里将君子之道与小人之为加以对比，旨在表明两种人格、两种原则的本质差异。具体地说，君子或具有君子型人格者，在人际交往中能恪守中正之道或"中庸"原则，能与他人保持一种相对和睦的协作关系，但对具体问题的看法与处理不必苟同于对方，而是尽力实事求是，求同存异，热衷于公共利益，立志于为公之道。这是"和而不同"的真谛所在。

相比之下，小人或具有小人型人格者，习惯于讲求表面上一团和气，但在看待或处理具体问题上，喜好迎合别人的心理，附和别人的言说，而内心深处却并不抱有一种真诚合作或友善利他的态度。通常，这类人工于心计，精于盘算，与合作者貌合神离，看重私利。这是"同而不和"的具体表现。

总之，尚"和"原则要求包容和理解他人的立场与看法，包括客观评判自己的对立面或反对者，由此体现出一种虚怀纳谏、海纳百川的贤达情怀。与此相反，尚"同"原则信奉"一言堂"，惯于自以为是，根本无法求同存异或异中见同，而是一味趋同附和、趋炎附势或党同伐异。这样一来，小人自然会囿于某些势利信条或潜在规则,为了攫取个人权位利益,言必唯上,行必盲从,不经思量,人云亦云,无视公平正义,目无道德法纪。

值得一提的是,在和谐说的诸多模式中,前述的整合模式与此处的容纳模式是相辅相成的。整合模式强调不同元素之间在功能意义上的配合协调,容纳模式则着眼于道德意义上不同立场间的互相理解与包容吸纳。为此,孔子特意用君子和小人的不同处事方式,来凸显这其中隐含的深刻道理。

另需注意的是,"和"与"同"两个范畴暗含两种不同的道德准则。"和"的准则趋向于追求社群公益,建基于仁义德行。其得以落实的可能性,取决于君子人格的修养;换言之,唯有当个人的修养上达君子人格的境界并因此超越个人的利益追求时,"和"(和而不同)的道德准则才有可能得以实施。

相反,"同"的准则趋向于追求个人好处,取决于个人自己的欲望和利益。这一准则囿于自私自利,且以损害他人利益为代价。再者,"和"或"同"意指某种手段,其以价值判断为先决条件。也就是说,"和"旨在有机地整合与协同某些事物,为的是实现一种更高的目标,此目标与多数人的集体紧密相关;"同"则意欲采用强制手段用一种方式统摄所有事物，为的是实现一种较低的目标，此目标与少数自私自利者紧密相关。

由此可见，君子作为道德存在者或有德之人，倾向于以理服人，总能全面恰当地考虑事情。他既有能力，又值得信赖，因此会赢得他人的支持、尊重、合作乃至臣服。小人作为利己主义者，总算计自己的各种私利，总想将自己的意志强加给别人，试图在帮派之内用武力将思想意识与行为习惯模式化。如果不能如此，小人则会"改弦易辙"，装扮成好好先生，讨好周围众人，以牺牲正义为代价，营造伪装的和睦关系。其所迎合的这种和谐关系，实则是虚假而短命的，因为他借此掩盖自己的真正意图，也就是以此实现个人目的和实际需要的意图。因此，这种类型的人被斥之为"乡愿"，表面上显得诚实而谨慎，实则是自命不凡的欺世盗名之徒。从本质上讲，这类人为"德之贼"，毫无德行可言。[1] 现如今，这类人常被视作两面派，自私而粗鄙，随时讨好那些对他有利之人，一旦有谁冷落他或识破其诡诈，他就与之为敌、背后捅刀。可是，这类人在世界各地随处可见。这恰好证明了如下事实：凡是有人的地方，什么事情都会发生。

1　陈大齐:《论语辑释》，周春健校订，华夏出版社，2010，第239—240页。

第九章　情操模式

根据儒家学说，和谐的情操模式（the sentimental mode of harmony）意指一种道德教育与审美修养的过程，该过程在很大程度上通过个人自觉协和与调节各种情感而得到增强与推进。因此，该过程关乎"中庸"这一儒家伦理思想，基于"既不太多，也不太少"的理念。正如《中庸》所述：

> 喜怒哀乐之未发，谓之中；发而皆中节，谓之和；中也者，天下之大本也；和也者，天下之达道也。致中和，天地位焉，万物育焉。[1]

按常理而论，我们人类既是情感动物，也是理性动物，故当我们受到特定刺激时，自然会生发出喜怒哀乐之情。如果这些情感能得到合理的表达与疏导，自然对人有所裨益；如若这些情感过于偏执或过度放纵，自然对人产生危害。在很多情况下，人们因为放松了对自己

1　王国轩译注《大学·中庸》，中华书局，2007，第 46 页。英文参照雅各译《汉英四书》，刘重德、罗志野校注，湖南出版社，1992，第 25—27 页。

情感的节制，从而导致情绪泛滥而一发不可收拾，这不仅对个体健康无益，更会损害社会人际关系。具体说来，情绪发作而不能"中节"，会导致身心失衡，内外不调，病邪侵入而难以阻挡；人际关系受损而不能"中节"，会造成社会动荡，混乱无序，冲突不断而难以控制。

值得注意的是，上列引文涉及情感发展的两个阶段：起初，喜怒哀乐等情感尚未发作之时，内心是平静的，无所偏倚的，这可谓"中"的状态；随后，情感发作起来，借助"仁义礼智"等德行，使其合乎节度（中节），没有过与不及，这可谓"和"的境界。自我节制者在情感发作时会达到"和"的境界，故能中行无偏，践行中道，感化他人，产生"所过者化，所存者神"[1]的积极效应。如此一来，天地万物与人伦世界都将各安其位，各尽其能，各得其是。

这里所说的中行无偏，也就是儒家一贯倡导的中道或中庸之道。孔子认为中庸之道唯君子所能及，小人则不及。如其所言："君子中庸，小人反中庸。君子之中庸也，君子而时中；小人之反中庸也，小人而无忌惮也。"[2]由

1　焦循：《孟子正义》，沈文倬点校，中华书局，1987，第895页。
2　朱熹：《四书章句集注》，中华书局，1983，第18—19页。英文参理雅各译《汉英四书》，刘重德、罗志野校注，湖南出版社，1992，第27页。

此可见，"君子"道德高尚，基于仁义礼智信等"五常"之德，坚守中道这一正确性原则，在"因时而中"的不懈过程中，不仅"推己及人"，而且"己所不欲，勿施于人"。而小人则不然，不仅违反中道，而且无所畏惧，只顾个人得失。

事实上，君子被尊为一种理想人格，是为统治者或君王设立的学习典范。故此，人们期待君王遵循"内圣外王之道"，德政务必贤明。在中国传统中，倘若君王在治国理政时如同君子，那就接近于圣君或圣主（圣王）。有意思的是，古汉语里的"聖"（即"圣"）字，由三部分组成：左上角为"耳"，右上角为"口"，二者下方为"王"。其象征意涵据说如下：君王之为君王，应当具有如下两种卓越品德：一是用耳聆听下属提出的不同意见、建议乃至批评时，能保持耐心和专注；二是能用口道出应以恰当方式去做正确之事，因为君王善于从他人的言谈中汲取正确的成分。这两种品德有助于君王施行仁政，有效管理国务，此乃与群臣密切合作、与民众彼此互动的结果。

至于审美修养过程，这在原则上立足于道德教育过程。鉴于审美修养是内在成就的组成部分，故此更多依赖于人文的自由性教育而非强制性教育。在中国传统中，人文的自由性教育主要包括诗歌、音乐和舞蹈。在古代，这三种艺术合而为一，属于综合性的三位一体艺术，统合在礼仪性的表演之中，尽管三者分别会关注某些方面，但同时却呈现出一种和谐或交响的整体。也就是说，诗歌借助情感和意向的表达发挥作用，音乐借助听觉和声音的表达发挥作用，舞蹈则借助动作与形姿的表达发挥作用。根据孔子所言，审美教养是以道德为本位的，特别需要借助诗教与乐教来实现。举例而言，诗教的目的在于培养"温柔敦厚"的品性，乐教的目的在于培养"广博易良"的人格。至于这样的品性与人格，则指向君子人格的完全成熟。这需要"兴于诗，立于礼，成于乐"。[1]诗在这里指《诗经》中的诗，而乐在本质上是指尽善尽美的乐。

诗为何能发挥这等作用呢？这主要是由于诗能激发人的想象（即"兴"），能表达人的凝思观照（即"观"），能抚平团体交困的纠结（即"群"），能表达心中的不平（即"怨"）。另外，从诗中所学，能使人"迩之事

1　刘宝楠：《论语正义》，高流水点校，中华书局，1990，第298—299页。英文参Confucius, *The Analects*, trans. D. C. Lau (London: Penguin Books, 1979), 8:8。

父，远之事君，多识于鸟兽草木之名"[1]。因循这条思路，就会发现其中至少包含有七层意思，均在不同程度上关涉到孔门诗教的基本宗旨。首先，诗"可以兴"这一特性，不仅能够丰富人的想象力，而且能够通过生动鲜活、富有寓意的联想性意象感发和升华人的情思意趣。第二，诗"可以观"这一功能，不仅能够提高人的观察力，而且能够反映或再现人类的生存状况与生活方式，并且使人们通过观照分析而形成良好的判断力与洞察力。第三，诗"可以群"这一品质，不仅能够凭借情感价值对人产生一种潜移默化的作用，而且能够通过双向交流（即读者与作者以及诗中所刻画的人物之间）的方式达到理解人和协调人际关系的目的。第四，诗"可以怨"这一使命，除了有助于人们掌握讽刺艺术来揭示人类面临的问题之外，还能引发人们对社会环境及其问题的不满与批判。第五，诗歌的伦理层面有益于培养人们的孝心，此乃诗歌道德教化的必然结果。第六，鉴于《诗经》中展现和包含着久远而深刻的文化传统与历史意义，诗歌的政治层面在于树立一种建功立业的使命感，练就一套服侍君

---

1 刘宝楠：《论语正义》，高流水点校，中华书局，1990，第689页。英文参 Confucius, *The Analects*, trans. D. C. Lau (London: Penguin Books, 1979), 17:9。

王的外交技巧，而这种技巧主要表现在一种以赋诗为主要形式的应景作和的能力之上。最后，诗歌的认知层面有助于识别鸟兽草木的名称与种类等等。汉代以来的一些研究《诗经》的学者，如陆玑、毛晋、徐雪樵等，对《诗经》中的草木鸟兽虫鱼等动植物做过疏要与图鉴 [1]，认为其所涉及的种类名目相当繁盛，不亚于一部古代博物志。[2]

至于乐，包括诗中之乐，儒家实际上设定了价值与审美判断的四项核心准则。其中最为重要的是，音乐应当"尽美尽善"。这一准则源自孔子对《韶》《武》两曲古乐的评说：《韶》乐"尽美矣，又尽善也"，《武》乐"尽美矣，未尽善也"。[3] 之所以这样区分，是因为《韶》代表和平之乐，而《武》代表战争之乐。在孔子的艺术批评术语中，"尽美"指的是形式，"尽善"指的是内容。相对来说，孔子由于偏爱《韶》乐而非《武》乐，故此期望音乐的形式和内容皆应完美。基于同样原因，孔子

1　陆玑：《毛诗草木鸟兽虫鱼疏广要》，毛晋广要，栾保群点校，中华书局，2023。陆玑、徐雪樵：《诗经动植物图鉴丛书》，大化书局，1977。
2　王柯平：《诗教的致知功能——"多识于鸟兽草木之名"疏解》，《美育学刊》2016年第 2 期。
3　刘宝楠：《论语正义》，高流水点校，中华书局，1990，第 135 页。英文参 Confucius, *The Analects*, trans. D. C. Lau (London: Penguin Books, 1979), 3:25.

本人曾经迷于《韶》乐。据《论语》所载:"子在齐闻《韶》,三月不知肉味,曰:'不图为乐之至于斯也。'"[1]

探讨孔子对人生志向所抱的态度,我们会惊喜地发现,他把志向与歌咏联系起来。恰如在《论语》中所见,孔子曾与数位弟子坐到一起讨论个人志向,他尊重那些想要从政出相入将者的抱负,但更欣赏曾皙个人的选择。曾皙特别喜好音乐,在谈及未来设想时说道:自己的意愿是"莫春者,春服既成,冠者五六人,童子六七人,浴乎沂,风乎舞雩,咏而归"。孔子在听完这一说法后,喟然叹曰:"吾与点('点'为曾皙之名)也。"[2]这种生活方式,显然追求的是首先享有精神自由的艺术化生活。

第二准则要求"思无邪",即免于堕落思想。这源于一个有力的忠告。孔子在评价《诗经》的整体价值时得出如下结论:"《诗》三百,一言以蔽之,曰:'思

1　刘宝楠:《论语正义》,高流水点校,中华书局,1990,第264页。英文参Confucius, *The Analects*, trans. D. C. Lau (London: Penguin Books, 1979), 7:14。

2　刘宝楠:《论语正义》,高流水点校,中华书局,1990,第474页。英文参Confucius, *The Analects*, trans. D. C. Lau (London: Penguin Books, 1979), 11:26。

无邪。'"[1]这一过度简略的说法会导致误解，会被视为对《诗经》三百余首诗作主题或主旨的道德化概括。当人们阅读《诗经》中的情诗时，难免会因此而感到某种困惑，因为但凡情诗，都或明或暗地再现出年轻恋人之间的浪漫情愫与爱恋行为。若从道德化的立场出发，人们会发现《诗经》中有不少情诗，并非像期待的那样可归于"思无邪"之列。

在笔者看来，若参考朱熹（1130—1200）与熊十力（1885—1968）针对孔子上述说法的评析，我们对"思无邪"一说就会有新的理解。譬如，朱熹曾经指出："凡《诗》之言，善者可以感发人之善心，恶者可惩创人之逸志，其用归于使人得其情性之正而已。然其言微婉。"[2]后来，朱熹还反复引用和强调程颐所推崇的"诚"的概念，但这依然无法辨明孔子"思无邪"的空泛之论。不过，通过重读《桑中》一诗，朱熹对于这句暧昧多义的著名评论给出了更加细致和个性化的解读。

1　刘宝楠：《论语正义》，高流水点校，中华书局，1990，第39—41页。英文参理雅各译《汉英四书》，刘重德、罗志野校注，湖南出版社，1992，第71页。刘殿爵（D. C. Lau）将该表达翻译成了"不偏离正道"，参Confucius, *The Analects*, trans. D. C. Lau (London: Penguin Books, 1979), 2:2。
2　朱熹：《四书章句集注》，中华书局，1983，第53—54页。

> 孔子之称思无邪也，以为诗三百篇劝善惩恶，虽
> 其要归无不出于正，然未有若此言之约而尽者耳，非
> 以作诗之人所思者皆无邪也，今必曰有彼以无邪之思
> 铺陈淫乱之事，而闵惜惩创之意自见于言外，而曷若
> 曰彼虽以有邪之思作之，而我以无邪之思读之，则彼
> 之自状其丑者，乃所以为吾警惧惩创之资耶？而况曲
> 为训说，而求其无邪于彼，不若反而得之于我之易也。
> 巧为辨数，而归其无邪于彼，不若反而责之于我之切
> 也。[1]

朱熹的解读很具有启发性，揭示了"思无邪"一说内含的道德劝诫意图，凸显了诗人自己与读者个人的可能感受，进而把孔子的诗论上升到更高的道德层面。随着对经典的重新解读以及阅读态度的改变，"思有邪"或"思无邪"显得不再那么重要了，关键在于读者需要确立健康的审美眼光、自然的心态以及道德的良知。俗话说，"身正不怕影子斜"。只要自己保持正直无欲的态度，诗中的邪思淫念自然消于无形。这样的思想建立在两种关键的特质上：内在的超越力和审美的知解力。

[1] 康晓城：《先秦儒家诗教思想研究》，文史哲出版社，1988，第159—160页。

然而，所有这些仍然算不上充分的反思。在这方面，中国现代哲学家熊十力在继承朱子之说的基础上，用下述浅显易懂的语言做了更加深入的探讨：

> 《三百篇》，蔽以思无邪一言，此是何等见地，而作是言。若就每首诗看去，焉得曰思无邪耶？后儒以善者足劝，恶者可以戒为言。虽于义无失，但圣意或不如斯拘促。须知，圣人此语，通论全经，即彻会文学之全面。文学元是表现人生。光明黑暗，虽复重重，然通会之，则其启人哀黑暗向光明之幽思，自有不知所以然者。故曰思无邪也。……《关雎》古今人谁不读。孰有体会到乐不淫，哀不伤者。情不失其中和。仁体全显也。仁者，万化之本源，人生之真性也。吾人常役于形，染于物欲，则情荡而失其性也。乐至于淫，哀至于伤，皆由锢于小己之私，以至物化，而失其大化周流之真体。此人生悲剧也。[1]

显然，熊十力重新肯定了朱熹等人反复申说的"思

1　熊十力：《读经示要》，载黄克剑、王欣、万承厚编《熊十力集》，群言出版社，1993，第269页。

无邪"的道德追求。像朱熹一样，他也鼓励人们重视自己的内心世界、文化修养和精神层次，而不是拘泥于外在的形式和表面的文饰。不同的是，熊十力更加猛烈地抨击了解读诗歌主题的简单化做法与笼统的道德化倾向。实际上，他认为文学潜在的功能应该是对人类生存状态的表达，断言自由的价值判断是人类的自然天性。这些观点大大拓展了文学批评的范围和角度。在熊十力看来，人类的生存处境在物欲横流、享乐追求以及利己主义的影响下已经十分恶化。更为严重的是，大部分人自我麻木，囿于陈见，不能用他们的知识和勇气直面生活的困境与悲剧。在这种情况下，熊十力希望文学能够启迪和解放压抑的人们。正如在《诗经》中所看到的那样，文学可以照亮人们的生活，使其积极与消极两面更为鲜活清晰。一旦人们完全透彻地理解了文学，他们就可以冲破黑暗迎向积极的生活。换言之，他们能够重获自由天性，直面严酷的现实，勇于去改变生存现状。要做到这些，就需要清醒的道德意识、个人的使命感、平和的心态、勇气以及对诗歌的敏锐感受力。熊十力十分看重对诗歌的感受力，将其视为极其重要的甚至是决定性的因素，因为它能激发人的渴望并且促发上述品格形成的可能性。更何况像《诗经》这样的文学作品，要想真正读懂和解悟极其不易，这需要伟大的智慧，否则读与不读没有什么两样。[1]当然，任何文学阅读都不能确保获得一种清晰和直觉的理解。在为人类境况和危机深深担忧时，熊十力似乎编造出了一个关于文学和《诗经》的深刻寓言，试图劝告人们通过文学的镜像照见自己，把自己从幻觉中唤醒，意识到自己的堕落，进而采取有效的行动来修正自己的道路。

现在让我们再回到"思无邪"的问题之上。可以说，朱熹和熊十力的上述阐释，为我们打开了一扇新的窗口，冲击了传统狭隘的解释方法。更值得注意的是，他们驱除了笼罩在"诗三百"上传统阐释的阴霾，使得那些诗歌焕发出鲜活而生动的生命力。笔者认为，"思无邪"代表一种三重性读解原则。

首先，它常常被用作文学批评的道德指导标准。在这种语境下，道德价值与实际功用常常被过分强调，根据这样的原则做出的评判越来越机械和墨守成规，丝毫不顾及古代人们生活恋爱的具体时代以及特定的历史

1　熊十力：《读经示要》，载黄克剑、王欣、万承厚编《熊十力集》，群言出版社，1993，第268页。

文化。从程朱理学认可的社会标准看来,古代人似乎毫无节制且太过放荡。朱熹的有些评论,"削足适履"式地把当时的道德模式强加于古人身上,完全不顾历史文化的特定语境,试图使他自己的评判符合当代的价值标准。

第二,"思无邪"这个观点可以视作文学创作的真实原则。朱熹的老师程颐曾经把这个观点定义为"诚"。在中华文化的语境中,"诚"代表真诚而不虚伪,真切而不虚假,真实而不虚幻,自然而不作伪,等等。由此可以看出,《诗经》中的诗歌真"思无邪"也,因为它们是人类情感的自然流露和对生活的真实感受。程颐和程颢(1032-1085)都坚信"修辞立其诚"是所有文学的指导原则。当阅读《国风》特别是其中的抒情诗时,我们被深深地打动,并且珍视和欣赏那些隐秘的罗曼史中呈现的真实、真诚和明晰。这并不是说我们不关心道德,而是说我们很难质疑诗中人物的道德,因为古人的爱情是如此自然,以至于我们很难让这些感情屈从于后代的道德条律,尤其是上千年后的宋代。换言之,男女之间的爱情,存在着只可意会的界限和规范,这种界限源于古代人们自由的意愿和较宽松的道德约束。在中国的少数民族部落的民俗传说中，诸如此类的爱情诗歌仍然很普遍，比如海南的黎族和贵州的彝族。

第三，"思无邪"可以被认为是一种"审美超越感"，这种态度大致如同程颢提出的"静观"，即从实用功利中解脱出来的自由平和的心态。这意味着培养一种超越的态度，使人生既道德化又艺术化，既融合理性又融合感性。用康德的话说，这样的审美态度以"无利害性"和"无目的之目的性"为特征。凭借这种态度及相应的敏悟能力，便可摒弃道德意义上的糟粕，鉴赏描写男欢女爱的精品佳作。从这个方面来说，个人的文化修养和道德意识都很重要，正如朱熹再三申说的那样。

现在让我们来谈第三准则，即情感表达的适度准则。这种表达可用"A 而不 B"的程式来确保其适度性。谈及位于《诗经》篇首的抒情诗《关雎》的艺术效果时，孔子据其诗化描述与音乐元素得出"乐而不淫，哀而不伤"[1]的论断。这表明审美价值基于中和之美。诗中诱人的快乐，是表现适度所致，这需要有所节制，既不能过度，更不可放纵。同样，诗中表达的悲哀和忧伤，

---

1 刘宝楠：《论语正义》，高流水点校，中华书局，1990，第116页。英文参 Confucius, *The Analects*, trans. D. C. Lau (London: Penguin Books, 1979), 3:20。

也应适当有度，不能过于悲伤，以免对人身心造成伤害。因此，根据中和理论，诗中表达的情感应该掌握平衡，恰到好处。

值得注意的是，针对诗歌与音乐的情感表达，孔子强调中和理论。在任何情况下，孔子都谴责过度而推崇适度，因为孔子深刻意识到这一必要性，也就是在诗歌与音乐中应以温和方式处理情感表达的必要性。否则，情感表达就会走向极端，抑或鼓励放纵享乐，抑或刺激粗鲁情感。这一方面会损害人类生活及尊严，另一方面会殃及道德品性的规范及理智，因此诗歌与音乐务必避免上述倾向。事实上，

> 孔子在"乐而不淫，哀而不伤"的原则里意识到了艺术所表现的情感应该是一种有节制的、社会性的情感，而不应该是无节制的、动物性的情感。这个基本的思想使得中国艺术对情感的表现在绝大多数情况下都保持着一种理性的人道的控制性质，极少堕入卑下粗野的情欲发泄或神秘、狂热的情绪冲动。[1]

---

1 李泽厚、刘纲纪：《中国美学史：先秦两汉编》，安徽文艺出版社，1999，第 142 页。

人们普遍认同的一点是，"乐而不淫，哀而不伤"这一观念，源自将"中庸"法则应用于诗歌与音乐中的情感表达。这一"中庸"法则要求整合对立双方（譬如感官快乐与道德要求、本能冲动与理性追求、情感表达与道德节制），使其呈现在艺术作品之中，以求得人格发展的平衡与和谐，而这正是艺术教育的终极目标。在此情形下，"过犹不及"[1]可被理解为"中庸"的实质所在。

第四准则涉及恰当的表演进程。从实践上讲，这一准则涉及音乐表演的规范程式与艺术要求。如《论语》所言：

> 子语鲁太师乐，曰："乐其可知也：始作，翕如也；从之，纯如也，皦如也，绎如也，以成。"[2]

这一论述隐含一种完整体验，借以说明如何以平静和谐的方式演奏与欣赏音乐。自不待言，这一演奏进程

1　刘宝楠：《论语正义》，高流水点校，中华书局，1990，第454页。英文参理雅各译《汉英四书》，刘重德、罗志野校注，湖南出版社，1992，第159页。
2　刘宝楠：《论语正义》，高流水点校，中华书局，1990，第130—133页。英文参理雅各译《汉英四书》，刘重德、罗志野校注，湖南出版社，1992，第85页。

与所表达的情感并行不悖，因为所表达的情感会对观众产生相应的影响。换言之，如果情感是适度或中和的情感，那么反映在音乐中的情感也会是如此。当演奏和聆听这样的音乐时，就会在人心中引发同样的效应。反之，当音乐所表达的情感是过度的情感时，一旦将其演奏给公众，就会引致类似的情感反应。例如，表达悲伤的方式会产生凄厉而沉闷的声音，表达愉悦的方式会产生缓慢而温馨的声音，表达欢乐的方式会产生铿锵而活泼的声音，表达愤怒的方式会产生粗粝而恐吓的声音，表达尊敬的方式会产生坦率而谦恭的声音，表达爱意的方式会产生和谐而柔软的声音，凡此种种，不一而足。通过音乐表演，这些种类的声音会引起听众的共鸣，会在情感与心理上对听众产生积极或消极的影响。

　　无独有偶，在被问及如何看待古乐中的"淫声"（泛指有别于"雅乐"的"俗乐"）时，子夏（前507—？）回应说：

　　　　郑音好滥淫志，宋音燕女溺志，卫音趋数烦志，

齐音敖辟乔志。此四者，皆淫于色而害于德，是以祭
祀弗用也。[1]

子夏对上列"淫声"或失当流俗之乐的批评，彰显
出对音乐因果效应的审美与道德评价意识，这涉及儒家
美学史上始终恪守的那种道德化态度或立场。

如上所述，和谐的九种模式旨在揭示中国传统中和
谐观念的意涵。这一观念最初源自音乐，随后发展成为
中国思想中的一个核心概念，并在历史过程中被应用于
更多领域。和谐的音乐模式示意礼乐文化如何在古代发
挥作用，这里主要涉及政治、社会与艺术功能。和谐的
宇宙模式具有某些本体论特征，这里主要与天、地、人
之间的互动作用相关。和谐的化育模式展示出万物如何
创生与育养，这里关乎"天地之大德曰生"。和谐的整
合与容纳模式在实践上具有方法论意义，这里主要处理
如何协和或整合那些具有建设性的不同成分，目的在于
在促成多样统一的同时避免以一摄多的武断做法。和谐
的交合模式看似浪漫多情，实则促成人类世代繁衍，引

1　孔颖达:《礼记正义》，上海古籍出版社，2008，第1527页。英文参 Li Chi:
Book of Rites (Vol. II), trans. James Legge (New York: University Books,
1967), pp. 118 - 119。

导社会结构生成。和谐的范导模式从目的论上讲是社会政治策略，旨在凭借正当合作与施行仁政，追求协和人际关系和确保社会秩序的终极目标。和谐的辩证模式从本质上阐释了如何用和谐的手段来处理对立与冲突。和谐的情操模式在根本上指向道德与心理教育，旨在提升人格修养与品格塑造，这主要出自如下信念：只有当社会中的人类个体均能把控或中节各自被所遇事物激发的情绪时，促成人际关系的和谐才是可能的。

第十章　和谐说对冲突论

现如今，人们最为关切的问题，乃是冲突频发而分歧繁多的人类生存状况与全球境况。在公开场合，我们大多数的现代人都声称自己欣赏这样一种和谐，即在最佳意义上可能促成和平互动与和平共存的和谐；同时都自称厌恶这样一种冲突，即在最糟情况下可能导致极端敌意或暴力争斗的冲突。在中国传统中，这种和谐在前述九种模式中得到昭示，在很大程度上构成和谐说的主要内涵。从原则上讲，和谐说自身关乎一种思维方式，旨在通过协调不同的甚至对立的因素，找到和平解决方式的共同根基，因为这种思维方式在本质上因循的是"中庸之道"。形成鲜明对比的是，这种冲突趋于导向一种冲突论。作为一种思维方式，冲突论考虑的是如何诉诸武力或暴力，一劳永逸地解决诸多冲突与争端，因为这种思维方式固守强权至上原则，崇尚强权是解决大多数问题的灵丹妙药。我们倾向于认同和谐说，反对冲突论。这是因为和谐说遵循和谐至上与和而不同等原则，可用来助推合作共赢的诸多事务。相反地，冲突论通常用来一劳永逸地解决某个问题，但往往却引发更多问题，甚至导致诸多冲突与战争。和谐说可以作为替代方式，用以抗衡冲突论，因为冲突论惯于诉诸武力，施行强权至上与赢者通吃等原则。面对这一严酷现实，我们希望，真正意义上的和谐说理当用来抗衡各种类别的冲突论。

一、诡谲的现实情境

不可否认的是，我们人类时常面对一种诡谲的现实情境，那就是某些人利用冠冕堂皇的外交辞令来掩饰隐藏在背后的卑劣目的，于是明面上高谈和谐说，但实际上行施冲突论，在令人倒胃口的政治领域，以维护民族主权或实现民主转型等时髦说法为借口，采取血腥的军事打击手段。

若情况真是如此，我们是不是应该对这个世界完全绝望呢？这个答案或为是或为否。若答案为是，我们对这个世界感到绝望，那我们应该意识到这一真相，即充满善意的和谐说被裹挟在肆意猖獗的冲突论之中；那些拥有最强军力和最大杀伤性武器者，总是依照自身的利益和意志来做事。若答案为否，我们应当意识到这一现实，即越来越多的人发现，他们为了毫无意义的战争背负起巨额的赋税，最终竟然一无所获。这将鼓励他们变得更为审慎，在政府换届选举时把票投给贤明领导而非好战之徒。在全球化语境中，这种情形尤其如此，一场内部或区域性冲突，极有可能在经济与政治领域影响到整个世界，更不用说对个人安全与生活方式造成影响了。在这种情况下，就更有必要通过跨文化对话，重新思考当下语境中的和谐说。

大家普遍认为，无论是在全球化还是在全球地域化的趋向中，我们现在都正生活在文化多样性不断增强的进程里。正是由于这个现实的原因，我们需要重新思考全世界范围内分别呈现在更多文化传统中的和谐理想。举例来说，我们随意拿起一本现代语言词典，就极有可能在其中发现某些如其所是的意涵相似的和谐观念。

那么，这些观念一般意指什么呢？在什么意义上其意涵彼此相似或重叠呢？倘若我们在一部英语字典里查找 harmony 一词的前两种解释，我们会发现该词抑或意指"一种和平存在与谅解状态"，抑或意指"一种整合方式，借以将一起演奏或演唱的不同音符或声调整合成悦耳宜人的音响"。倘若我们继续在一部汉语词典里查询类似词条，我们很容易找到其近义词，譬如"和""和睦""和声"之类的词语。此外，若是有意查询一部古希腊语词典，我们就会发现一些极为独特而迷人的事情，即与 harmony（和谐）一词拼写极为相似的希腊语词是 harmonia，这是一个表示音乐调式或音阶的专门术语；而与 harmony（和谐）一词含义相近的古希腊语词则是 symphōnia，这个术语用来表示多种器乐与声乐之音的合鸣交响。

二、"文明的冲突"质疑

正如现今在整个世界范围内所见的那样，最具破坏性的冲突主要有两种形式：一是采用非人性的和令人毛骨悚然的方式进行的恐怖主义袭击，二是使用大规模杀伤性精准武器实施的野蛮战争。不过，当探究这些问题的根源时，我们会将其归因于"文明的冲突"。亨廷顿（Samuel P. Huntington）从理论上对此进行了详致的阐述和似乎合理的论证。在其思想敏锐的著作 [1] 中，亨廷顿以煽情的方式，分析了苏联及其盟友败落之后的世界政治现状，详释了"文明"如何取代国家与意识形态。他将"文明"当作今日全球政治中的驱动力量，继而出色地分析了世界范围内多变政治文化的现有氛围与未来可能性。最后，他对"文明的冲突"提出了具有洞察力和预见性的观点，并根据自己对当前问题颇具影响力的思索，提出了多条重塑世界秩序的策略。依照亨廷顿的分析，世界政治正在进入一个新的阶段，其特征是民族国家之间传统竞争的回归、部落主义与全球主义冲突撕扯下的民族国家衰落，等等。这些观点均盛行于公共知识分子之间，而且捕捉到了新兴现实的诸多性相。

不过，这些观念似乎遗漏了一个委实重要甚至核心的方面，即全球政治在未来数年里将有可能成为什么模样。根据亨廷顿的假设，这个新世界产生冲突的根源主要不是来自意识形态或经济。相反，人类之间的巨大分裂与冲突的主导性源头，显然来自文化而非其他。在世界事务中，民族国家将依然是最为强大的行动者，但世

1　塞缪尔·亨廷顿：《文明的冲突》，周琪等译，新华出版社，2013。英文参 Samuel P. Huntington, *The Clash of Civilizations and the Remaking of World Order* (New York: Simon & Schuster, 1996)。

界政治的主要冲突将发生在不同文明的民族与团体之间。因此，文明的冲突将主导全球的政治。文明之间的断层线将成为将来的战线。文明之间的冲突将成为现代世界冲突演进的最终阶段。

在这种情况之下，亨廷顿提供了怎样的解决方案呢？其中一项方案如下所述：为了强化并维持文化霸权的地位，西方国家会关注三方面的内容，即通过武器非扩散条约保持军事霸权地位，向外输出人权与民主等西方政治价值观，限制非西方移民和难民进入西方社会。如果不采取这些举措，"西方现代社会的没落"就会加剧。这种所谓的没落，至少有三个特征：第一，这是一个非常缓慢的过程，不会立即对世界力量造成威胁；第二，力量的没落不会呈直线趋势，偶尔会反转、加速或暂停；第三，国家力量受到掌权者行为与决断的控制与影响。

此外，这类没落还会遭遇来自内部与外部的挑战。简言之，外部的挑战主要包括非西方世界新兴的文化认同与传统竞争的回归。内部的挑战主要来自西方文化内部主要价值、道德与信念的逐渐丧失。当论及多元文化主义与单一文化主义之间的争论时，亨廷顿指出："多元文化的世界则是不可避免的，因为建立全球帝国是不可能的。维护美国和西方，就需要重建西方认同。"[1]当谈到西方维持全球政治力量的能力时，亨廷顿认为西方需要适应不同文明之间日益增长的力量与影响。如果不能适应的话，西方要么在力量与影响方面衰落，要么与其他的文明力量发生冲突。结论就是，这个世界变得更加现代化，但却更少西方化。于是，西方世界与其他文明的冲突就是"对世界和平的最大威胁"[2]。

目前，笔者在三个方面比较认同亨廷顿的观点。首先，人类巨大分裂与冲突的主要根源是文化性的，而非其他因素。除了大国之间的博弈之外，恐怖主义与"伊斯兰国"的出现更加证实了这一点。然而，如果有人对前文提到的根源进行历史考察，那就会发现相关根源不仅是文化性的，而且也是政治性的。这一点在国家之间弱肉强食或以强凌弱的丛林法则中体现得更加明显。众所周知，仇恨与绝望的历史积淀，会导致非理性的与过度的暴力。

1　塞缪尔·亨廷顿：《文明的冲突》，周琪等译，新华出版社，2013，第293页。Samuel P. Huntington, *The Clash of Civilizations and the Remaking of World Order* (New York: Simon & Schuster, 1996), p. 318.
2　塞缪尔·亨廷顿：《文明的冲突》，周琪等译，新华出版社，2013，第297页。Samuel P. Huntington, *The Clash of Civilizations and the Remaking of World Order* (New York: Simon & Schuster, 1996), p. 321.

第二，西方衰落的可能根源在于内部所遭遇的挑战，包括西方文化内部主要价值观、道德观与信念的逐渐丧失或不断腐蚀。为何至此呢？倘若仔细研究西方永无休止的权力游戏与党派政治的内讧内斗，人们就会确信真正的衰落根源与其说是文化性的，不如说是政治性的。事实上，西方文化因其现代而丰富的价值观念一般占有优势，但其对党派政治的热衷则是另一个故事。党派政治通常是以权力为导向，因此常把政党利益置于国家利益之上。如此一来，为了在选举中赢得优势，当局处理国家政务就好比经营快餐商业，无意为了确保将来的福利而制定社会发展长远规划。这种短视的表现会使得大多数公民对政治辞令与公共权威越来越持怀疑态度。

第三，西方需要适应不同文明不断增长的力量与影响。否则，西方一方面定会在力量与影响方面逐渐衰落，另一方面定会与其他强大的文明产生冲突。悖谬的是，西方所作所为的目的，是为了强化其维持全球政治权力与文化霸权的能力。因此，亨廷顿建议有必要维系"军事优势"和推广西方价值。维系"军事优势"有何目的呢？这似乎暗合一条传统箴言，即强权若非公理，那就是为了强权者的利益解决问题的激进方式。的确，亨廷顿对多元文化持正面看法，确认全球帝国不可能实现，期望美国和西方更新西方身份。然而，即便他意识到西方身份需要更新，他的思维模式也依然对保存全球帝国隐含同情。那么，在这方面应该采取怎样更可行、更具建设性的策略呢？这依然是一个值得仔细思考的问题。

应当承认，在 20 世纪末的转折之际，发生了两件重大历史性事件，一是冷战结束，二是新千年到来。这两大历史性事件曾经预示在不远的将来会有一个更好的世界。然而，随后发生的事情则即便不是将人类的一线希望淹没在绝望之中，也是将其覆盖在挫折与焦虑之下。不幸的是，新千年伊始见证了恐怖袭击中最野蛮的冲突，这几乎威胁到世界的每一角落。恐怖袭击制造了恐惧与紧张。当恐惧受到不同方式的压抑时，就会酝酿成难以抑制的愤怒。这种愤怒会导致以不同名义发动的各式反击。这类报复行动会导致其他恐怖主义反应。诸如此类的现象就好比"野火烧不尽，春风吹又生"的野草。如若情况总是如此的话，那就毫无机会去阻止或结束此类冲突了。这一切将在某些区域与国家导致恶性循环。

三、标本兼治的理路

为了应对诸如此类的问题，这里提议施行两种主要方法。一是采取跨国军事行动打击恐怖分子，根据合理化的普遍公意维护全球共存状态；二是进行基于地位平等的跨文化对话，为了全球合作与发展寻求世界性谅解。事实上，前者致力于解决恐怖主义的症候，因为有必要防止恐怖主义像野火般四处蔓延；后者致力于处理恐怖主义的病因，因为有必要根除恐怖主义诞生的社会气候。众所周知，举凡陷入彻底绝望之人，很有可能采取极端行为；如若借助相互理解、精诚合作与共同发展，能让他们重新找回希望，那他们就有可能恢复正常状态。在此情况下，重塑世界秩序在某种程度上就有可行性，虽然在这个分裂的世界里要达成此目标绝非易事。

有鉴于此，全球共存更受欢迎，文化霸权多遭拒斥。为何？因为全球共存恪守"待人宽如待己"（live and let live）的原则。这项原则与儒家的两条黄金法则十分相似：其一是"己所不欲，勿施于人"[1]，该法则否定任何自私自利的行为，拒绝将自己不想要的东西强加给他人；其二是"己欲立而立人，己欲达而达人"[2]，这实则意指一种修养互惠性仁德的方法，所批评的是那些只重一己私利而不顾他人相似利益的人。从共存的视角来判断，上述原则旨在根据每种文化自身的活力与价值赋予其自然权利，同时鼓励他们相互借鉴，不断革新，持续发展。然而，不可否认的是，一种文化会比另一种文化更丰富、更强大。如果以此作为参照架构，那必须按照完全自愿与完全自觉的选择来行事。

至于文化霸权，尤其是那种强加式的文化霸权，倾向于孵化或设计出至少两种倾向，以确保自我保存及其主导地位。其一有可能是文化妖魔论，其二有可能是文化自恋论。文化妖魔论建基于一种自我认定的特权，惯于遵循一种激进的二分法：甲文化是好的，乙文化是坏的；甲文化中的所作所为通常是对的，乙文化中的所作

1　刘宝楠：《论语正义》，高流水点校，中华书局，1990，第485、631页。英文参理雅各译《汉英四书》，刘重德、罗志野校注，湖南出版社，1992，第211页；另参Confucius, *The Analects*, trans. D. C. Lau (London: Penguin Books, 1979), 15:24。

2　刘宝楠：《论语正义》，高流水点校，中华书局，1990，第249页。英文参理雅各译《汉英四书》，刘重德、罗志野校注，湖南出版社，1992，第115页；另参Confucius, *The Analects*, trans. D. C. Lau (London: Penguin Books, 1979), 6:30。

所为通常是错的。这种文化妖魔论倾向于借助现代媒体，将异质文化予以妖魔化。

现如今，"媒介即信息"。然而，媒介是客观的还是主观的，信息是真实的还是虚假的，至今总是一个问题。今日现代而精巧的技术手段，使得标题党和深度伪造的信息俯拾即是，唾手可得，更不用说出于根深蒂固的成见与凭借奇思怪想所创设的虚拟世界了。这些东西可用来虚构好的或坏的故事，并在较短时间内在硬媒或软媒上刊发。表层阅读此类消息的广泛流行，会与既成偏见相呼应，催生误导性与误读性的意象或形象，从而与相应的刻板偏见沆瀣一气。如此一来，一些人对符合自己喜好的东西就大加张扬，对不符合自己喜好的东西就进行歪曲，从而使信息的真实性大打折扣。

至于文化自恋论，它惯于自我欣赏，以至于导致自我中心主义或利己主义。在极端情况下，文化自恋论者会执着于自己的身份，会滑向文化孤立主义，因为他们无意让自身适应于变化中的现实。这类践行者会自愿将自己变成柏拉图洞喻里的囚徒。在那个洞穴里，他们囿于黑暗之中，彼此之间相互比拼，竭尽全力去辨认由篝火将木偶形状投射到洞壁上的影子。如果他们中间有人鼓起勇气，站立起来，解除束缚，转身走出洞穴，去发现真实的世界，那么当他返回洞穴，告诉曾经的同伴自己所见的真相时，他就要冒着被对方用石头砸死的风险。[1]

实践中，文化自恋论在原则上或多或少如同文化孤立主义。这两者特别需要扩展各自的思维范围和价值空间。幸运的是，世界各地的一些思想家十分关注全球共存、相互理解与跨文化交流的重要性。他们提出了许多具有思想启发性的洞见。举例来说，诺思罗普（F. S. C. Northrop）正是这一领域的开拓者之一。面对冷战期间的微妙形势，他一往无前，呼吁东西方的交会。他的行为目的，在于缓解两次世界大战所引发的意识形态冲突，在于增加世界范围内的相互理解，在于确保世界和平的可能性。在他看来：

> 如果意识形态的种种冲突可能得到解决的话，现在已经到了直面这些冲突的时候了。否则，社会政策、道德观念和人类的宗教情怀，因为彼此之间的不相容性，将继续衍生误解与战争，而不是相互理解与和平。

---

1 Plato, *The Republic*, trans. Desmond Lee (London: Penguin Books, 1974), 514a‑517b.

这些冲突的根源很难在议会大厅的实践中或热火朝天的商业行动中予以解决和消除——在那里，标语四处随意张贴，特殊利益蠢蠢欲动，热情容易得到煽动——除非能对诸种问题进行追根溯源，然后在心平气和的研究中，从理论上解决这些问题。譬如，对"民主制度"与"共产主义"这些词语的含义，理应予以仔细厘定，这样才能较为客观地审视借用这些词语所界定的问题。如本书副标题所示，其所关注的正是当下这项重要而困难的任务。[1]

实际上，诺思罗普这部名著的副标题为"关于世界性理解的探索"。在此书中，诺思罗普主要对比了西方文化与东方文化，重点讨论了各自的思想模式与价值体系，将认识论关联与跨文化整合的假设置于两个条件的基础之上：其一是来自西方思想资源的理论成分，其二是来自东方思想资源的审美成分。接着，他强调：

　　理论成分和审美成分以显著的方式在社会中互

1　F. S. C. Northrop, *The Meeting of East and West: An Inquiry Concerning World Understanding* (New York: The Macmillan Company, 1946, rep. 1960), pp. ix - x.

为补充……于是乎，人与人之间同样真实与重要的诸多差异，不会导致人与人之间的相互毁灭，而是最终有可能构建一个适合全人类的社会。在此社会里，科学上高度发达、理论上带头引领的西方诸国所拥有的较高生活标准，将同东方诸多圣人和谦谦君子特有的恻隐之心、对优美事物的普遍敏悟能力以及精神的泰然自若和平静快乐等美德相结合。[1]

显然，诺思罗普试图采用创造性转换的方法，以促进跨文化整合，实现共同利益。他致力于深刻重估不同的哲学思想与价值观念，致力于解决东西方文化或文明相互融合的问题。在此领域，诺思罗普的所作所为具有里程碑式的意义。

在结束本章之前，笔者诚邀读者诸君一起重温邓恩（John Donne）的一首诗作。笔者冒昧在原作里嵌入括弧，其中添加数词，借此提供一种稍加改动的版本，使其更具有世界主义的意蕴，更符合人类共生和世界共存的理念。诗曰：

1 F. S. C. Northrop, *The Meeting of East and West: An Inquiry Concerning World Understanding* (New York: The Macmillan Company, 1946, rep. 1960), pp. 495 - 496.

无人是孤岛，

向己独生，

每人都是陆地 [地球] 的一部分，

主体 [全体] 的一部分。

土块会被海水冲走，

欧洲 [世界] 也不例外，

海岬也是如此，

朋友的庄园也是如此，

你自身拥有的一切也是如此。

任何人的死亡都是我的消亡，

因为我是人类之一，

因此，我不需要知道丧钟为谁而鸣，

因为它为你 [所有人] 而鸣。

第十一章　和谐说与天下主义

就其目的性来看,和谐说作为一种替代理论,是以孜孜追求全世界社会、政治与经济领域的和平与秩序为特征。和谐说的实践活动,通常从家庭延伸或扩展到社群,继而再到城邦,最后走向整个世界,因为和谐说主要关注的是人与人之间的亲密关系、文化共鸣的程度以及地缘政治的阻隔等问题。

在传统上,中国的世界观就是人所熟知的"天下"[1]观。这一观念是中国意识形态的组成部分,经常被用以解决那些与政治秩序、社会环境和人民生活相关的问题。"天下"的观念在某种程度上类似于古希腊的"天下"(oikoumenē)理念,因为这两者均包含天下主义的某些根本性相。

西方学界对中国"天下"观的讨论,勃兴于20世纪60—70年代,代表人物是英国著名历史学家汤因比(Arnold Toynbee,1889—1975)和美籍奥地利历史哲学家沃格林(Eric Voegelin,1901—1985),相关思想主要见

1　中文的"天下"有多种英译方法,包括all under Heaven、all below Heaven、all-under-Heaven 及 all-under-sky 等等。

诸前者所撰的《人类与大地母亲》(*Mankind and Mother Earth*)和后者所著的《天下主义时代》(*The Ecumenic Age*)。两人相继论述的天下主义(ecumenism),在词源学上衍生于 ecumene 一词。该词实则是希腊语词 oikoumenē 的拉丁化书写形式,意指"人所居住的世界"。天下主义旨在追求所有国家和地区之间的和平合作与全人类的共存共荣。就其至要的目的论意义而言,它大致类似于中国"天下"观的意涵。如今,一些历史学家和思想家也从积极角度出发,在全球化语境中重思和新探天下主义的可能向度。

汤因比认为,天下主义在人类历史上的首次施行,可以追溯到汉初高祖刘邦(前202—前195年在位)推行的外交政策与政治实践,并由此造就了国际交往中开创性的成功范例。有鉴于此,天下主义可作为促进全球和平与秩序的手段,有助于解决现存的世界问题,有望造福于整个人类共同体。

当下,在社会、政治、经济和文化领域,天下主义仍具有重要现实意义,故此在全球范围内得到学界的重新审视。天下主义可以相当广泛地应用于世界治理,特别是全球合作机制方面。应当说,天下主义的目的论追求，不仅体现了"构建人类命运共同体"的当代使命，也体现了 2018 年达沃斯论坛[1]"在分化的世界中打造共同命运"的核心主题。

笔者认为，汤因比是从宏观历史角度来看待汉匈之间的天下主义和解模式的，但从微观历史角度来看，这种和解模式是失衡且难以持久的。另外，天下主义背后的根本动因，并非汤因比所说的"同情感"（a sense of compassion），而是基于儒家贵和意识的和谐说（harmonism）。这种和谐说至少涉及如前所述的范导、辩证、整合与容纳等四种模式。它不仅是天下主义在过去成为可能的关键驱动力，也是天下主义在现在与未来成为可能的根本动因。

一、"天下"观及其历史性践行

古代中国人的"天下"概念，可以追溯到公元前 11 世纪左右。如今，这个概念在全球化语境中得到重新审视，并再次成为政治文化中的时兴概念。按照哈尼希

---

1 达沃斯论坛，即世界经济论坛（World Economic Forum），是以研究和探讨世界经济领域存在的问题、促进国际经济合作与交流为宗旨的非官方国际性机构。

（Sebastian Harnisch）的说法，"天下不是一个地理上的区域，而是一个由中国儒家哲学和道德传统的认知和实践决定其边界的文化区域"[1]。笔者本人部分同意这一有趣的解释。不过，从历史角度来看，笔者发现"天下"概念包括三层相互关联的含义。在地理意义上，它指的是古代中国的全部领土；在政治意义上，它指的是这个地区的治理或政权；在世界意义上，它指的是国际互动和合作关系。

在《史记》里，司马迁述曰："贾生以为汉兴至孝文二十余年，天下和洽。"[2]这里所言的"天下"，可谓涵盖上述三种含义的典型用词之一。从历史上看，"和洽"作为天下（特别是汉匈两国之间）和平合作与和睦相处的政治状态，实际上是汉朝初立时高祖刘邦所定外交政策及其历史性实践而生的结果。公元前 200 年，刘邦率军与匈奴交战失利，陷入白登（今山西省大同市东北马铺山）之围达七个昼夜，后用陈平所献之计说和突围后，便与冒顿单于为首的匈奴帝国达成停战协议。该

1　Sebastian Harnisch, "China's Historical Self and Its International Role," in *China's International Roles: Challenging or Supporting International Order?*, eds. S. Harnisch, S. Bersick and J.-C. Gottwald (New York and Abingdon: Routledge, 2016), pp. 39 - 40.
2　司马迁:《史记》第八册《屈原贾生列传》，中华书局，2014，第 3021 页。

协议涉及汉朝公主与匈奴单于和亲以及汉朝每年向匈奴上贡（缴纳丝绸之类奢侈品与其他上等日用品）等条例，随之被确定为缓解汉匈两国矛盾的基本政策，一直延续到公元前127年。在此期间，这一协议得到高祖刘邦之后6位汉朝皇帝继任者的持续实施，其中就包括著名的汉文帝刘恒（前180—前157年在位）、汉景帝刘启（前157—前141年在位）与汉武帝刘彻（前141—前87年在位）。

这项政策为何具有这样的持续性呢？笔者以为，其根本原因在于西汉建国历经数年征战内乱。当初，刘邦励精图治，广纳人才，由弱变强，凭借一支强大军队，击败了敌对势力，统一了分裂的国家。大位新定，百废待兴，其首要任务是尽快恢复社会秩序，确保国泰民安，故在政治上负担不起同游牧匈奴帝国开战所造成的严重后果。再者，新政权面临难以想象的经济困境，其农业生产基础在战乱年代遭到严重破坏，亟须恢复生产以解决民生必需品短缺的棘手问题。此时，国内新形势是越来越多的人渴望和平，厌恶战争。有鉴于此，新政权决定采用道家的无为哲学，注重休养生息，强调以安定促发展、保秩序。再者，汉初几代皇帝出于韬光养晦、积蓄国力的目的，在励精图治中忍辱负重，设法延续了高祖所定的停战协议。这样一来，也就创造了汉朝的长期和平，恢复了国民经济与农业生产。

在此期间，西汉朝廷权衡国务的轻重先后，如其所望地践行其应为之事。譬如说，为了恢复农业生产，朝廷发布裁军敕令，安排退伍士兵回家开荒种地，鼓励人们重开市商，促进商埠贸易；另外，朝廷革除诸多严苛法律，确保百姓免受惊恐压力与残酷刑罚的影响。与此同时，汉朝还实施了自上而下的节俭政策，以期积累更多国家财富，改善朝野生活状况，赢得民众的支持与忠诚。据史料记载，汉朝在几十年内成功实现了社会秩序稳定和经济生产繁荣。司马迁对其中部分景象描述如下：

> 至今上即位数岁，汉兴七十余年之间，国家无事，非遇水旱之灾，民则人给家足，都鄙廪庾皆满，而府库余货财。京师之钱累巨万，贯朽而不可校。太仓之粟陈陈相因，充溢露积于外，至腐败不可食。众庶街巷有马，阡陌之间成群，而乘字牝者摈而不得聚会。守闾阎者食粱肉，为吏者长子孙，居官者以为姓号。故人人自爱而重犯法，先行义而后绌耻辱焉。当此之时，网疏而民富，役财骄溢，或至兼并豪党之徒，以

武断于乡曲。宗室有土公卿大夫以下，争于奢侈，室庐舆服僭于上，无限度。物盛而衰，固其变也。[1]

一叶知秋。上述情况，可从局部看到整体。以谷物为例，公元前 200 年左右，汉朝初期谷物供不应求时，每石（粮食的计量单位）的价格为 5000 文（货币净值单位）。这类情况隐含着大量的社会恐慌与民生问题。汉文帝刘恒在位期间，和平环境使社会稳定发展成为可能，加之铁器农具的广泛使用，农业生产力得到提高，粮食产量得到增长，从而保证了全国粮食的充足供给，粮价下降到每石 10 文左右，降价近乎 500 倍。汉代大型谷仓遗迹的考古发现和历史研究，为上述粮食供给的真实性提供了充足的证据。[2] 在中国历史上，政府是政治经济与社会文化管理的最高机构。确保全国粮食供应充足，是政府担负的头等大事。常言道："国以民为本，民以食为天。"对于国家当政者来说，民与食乃是重中之重。如果粮食供应不足，民众无以安生，就会铤而走险，制造无休止的麻烦，挑战无法维持民生的政府。幸运的是，

1 司马迁：《史记》第四册《平准书》，中华书局，2014，第 1714 页。
2 陕西考古研究所编《西汉京师仓》，文物出版社，1990 年。张锴生：《汉代粮仓初探》，《中原文物》1986 年第 1 期。

汉朝统治者在正确的时间做了正确的事情，从而成功地摆脱了社会危机，解决了民生问题，为后来国民经济与国力的发展奠定了坚实基础。

二、天下主义作为替代性选择

汤因比从宏观历史角度出发，特别关注和高度肯定汉朝的上述措施，将其视为历史上践行天下观的重要事件，奉其为初创的天下主义范型的成功案例。为了确证自己的结论，他阐述了过去、现在和未来彼此关联的历史方法，类似于雅斯贝尔斯（Karl Theodor Jaspers）在阐述"轴心时期"（the axial period）假设过程中所采用的过去、现在与未来三位一体的历史视域。汤因比如此阐述的目的，可以说是意在"温故而知新"，即通过回顾过去，根据历史有效性与经验相关性，更好地理解现在乃至未来。汤因比的观点如下所述：

　　未来尚未到来，过去不复存在。因此，只要过去的记载依然存在，所记载的事件就不会改变。然而，这个不变的过去，并不总是在任何地方都呈现出相同的外观。在不同的时间和地点，它看起来都不相同；我们所获信息的增加或减少，也可能会改变过去的画面。我们对过去事件之间的关系及其相对重要性和意义的看法，将会随着在场观察者的不断变化而不断变化。同一个人先后在 1897 年与 1973 年在同一国家或地区看到的同一过去，会呈现出两种截然不同的画面。毫无疑问，这个自身同一的过去，到 2073 年于中国观察的结果将会又有不同，到 2173 年于尼日利亚再次观察的结果则会更加不同。[1]

值得注意的是，汤因比非常清楚过去的意义——过去在不同的时间和地点，出于不同的原因和目的，可能意味着不同的情境与意义。通过对人类状况的比较研究，汤因比不仅揭示了人类技术进步与社会表现之间的差距，而且揭示了人类作恶的物理力量与应对这种力量的精神力量之间存在的"道德鸿沟"（morality gap）。他由此得出结论：在过去 5000 年里，这条鸿沟就像神秘的地狱

1　Arnold Toynbee, *Mankind and Mother Earth: A Narrative History of the World* (Oxford: Oxford University Press, 1976), p. 589.

之口一样张开，导致人类自食其果。因此，人类的精神缺陷限制了社会进步与技术进步。[1]人类的这种不成熟与技术成就之间的不平衡，将会造成道德领域里的诸多问题，这些问题将会大过经济领域的收益。"当今，全球范围内的一系列地区主权国家，既不能维持和平，也不能从人为污染中拯救生物圈，更不能保护生物圈不可替代的自然资源。这种政治层面上的无政府状态不可能持续太久，因为天下主义已经成为技术和经济层面的统一认知。"[2]对天下主义如此抬举，是否是一种夸大其词的说法呢？这有待我们日后对此进行深入研究。

那么，在汤因比眼里，如何才能帮助人类摆脱上述困境呢？依据其历史方法，汤因比回顾和反思过去，尝试寻找可行的替代性选择。最终，他将注意力聚焦于中国的"天下"观，将其理解为"普天之下"，将其可行性与当时特殊的文官制度联系起来。如其所言：

　　中华帝国文官制度是天下所有文官制度中最好

1　Arnold Toynbee, *Mankind and Mother Earth: A Narrative History of the World* (Oxford: Oxford University Press, 1976), pp. 591 - 592.
2　Arnold Toynbee, *Mankind and Mother Earth: A Narrative History of the World* (Oxford: Oxford University Press, 1976), p. 593.

的制度；与任何地方的其他文官制度相比，中华帝国文官制度能使更多的人在更长的岁月里和平有序相处。然而，一次又一次，中国文官为了个人利益而滥用权力，由此背弃了他们的信誉，将中国置于悲哀境地。现在的中国领导人已经采取措施，防止此类情况再次发生。他们是否会比中国早期的改革者更为成功，这还有待观察，但他们目前的行动至少是一个好兆头。如果中国人能把中国已往过失的教训放在心上，如果他们能成功地避免重蹈覆辙，那么，在人类探索历程的关键阶段，他们不仅可以为自己的国家，还可以为全人类做出巨大的贡献。[1]

显然，汤因比是一位人文主义历史学家。在反思全球背景下人类的前景和命运时，他表现出强烈的使命感。他的使命感不仅体现在上述论证中，还体现在他与日本思想家池田大作（Daisaku Ikeda）的对话中。该对话见于《选择人生》（*Choose Life*）[2] 一书。此书之名借用了《圣

1　Arnold Toynbee, *Mankind and Mother Earth: A Narrative History of the World* (Oxford: Oxford University Press, 1976), p. 595.

2　Arnold Toynbee and Daisaku Ikeda, *Choose Life: A Dialogue* (Oxford: Oxford University Press), 1977.

经》里的一个神谕："我今日呼天唤地向你作见证,我将生死祸福陈明在你面前,所以你要拣选生命,使你和你的后裔都得存活。"[1]

值得注意的是,汤因比建议人类通过思想和道德革命来选择人生,以此作为拯救人类命运的重要行动。如此看来,人类选择人生,几近于人类选择活路。汤因比推测,这种选择相当关键,因为面临如此残酷的现实,今天的人类正在走向自我挫败和自我毁灭之路。由于人类的不成熟和技术成就的不平衡威胁着人类的生存,因此有必要寻找一种人为的解决方法,以控制全世界人为罪恶的急剧增加。作为一位颇有见地和负有使命感的历史学家,汤因比认为有必要重新审视汉代的文官制度。在国际政治、经济尤其是文化领域,汤因比看重同情、仁慈、和平、包容与合作的思想意识。所以,他将中国的"天下"观视为天下主义范型,认为此乃人类走出危机与困境的不二法门。根据相关研究与比较分析,他对汉朝开国皇帝刘邦的统治方式和天下主义意识寄予厚望,将其看作天下主义运作践行的历史范例,并且认为

---

1 《圣经(简化字现代标点和合本)》,中国基督教三自爱国运动委员会、中国基督教协会,2000,第319页。

全球统一可以防止全球冲突。在他看来，刘邦吸取了中国历史上数次事件的惨痛教训，摒弃了好战的品性和以刑罚为导向的统治方式，采用了天下主义政策来处理国与国之间的关系。与此同时，汤因比对汉朝的文官制度也给予了高度评价，因为他发现汉朝在此区域实施了天下主义原则。这些原则呼唤一种人道主义立场。该立场基于中国文化传统，一方面要求与邻为伴，把所有人当作同胞来对待；另一方面要求与邻为善，无条件地接受普遍性仁德。这种人性能力存在于爱好和平的精神之中，存在于积极参与、辛勤劳作、坚韧不拔与实践智慧等德行之中。

在笔者看来，汤因比所言的"中国已往过失"，虽然可能因时而异，但主要表现为中国内部因政治腐败和错误治理而导致的社会混乱。在许多情况下，这种混乱会削弱制度效能，破坏社会结构，更糟糕的是，它还会导致内战或外侵，致使整个国家分崩离析，陷入灾难。

在这方面，沃格林（Eric Voegelin）做出了意味深长的阐释。基于比较视野，他分析了中国和西方的天下主义，揭示了"天下"与"国"的关系。他认为，中国所言的"天下"，既不是宇宙，也不是天空下面的土地，而是人类社会的载体。在文化意义上，汉语"天下"与希腊语 oikoumenē 完全等价。[1] 另外，中国的天下主义特色，得自对中国与人类具有同一性的不间断意识。[2] 沃格林随后声称：

> 天下被组织成多种多样的国，而这些国承认各自都是天下的组成部分……虽有试图推翻和取代王朝的国，但并没有与天下为敌的国。中国对于"天下"的王权，虽然是通过武力获得并掌握的一种权力地位，但与帝国征服完全没有联系。现存的文献让天下与诸国存在于预先建立的和谐之中。[3]

在此基础上，沃格林进而考察了诸国天下和天下诸国之间的原始关联。他发现这种关联构成了天下意义层次的核心，故此强调天下统治的仪式和文化性相：这些性相在本质上与国家行政管理的竞争性和主导性特征

1　Eric Voegelin, *The Ecumenic Age*, ed. Michael Franz (Columbia: University of Missouri Press, 2000), p. 352.
2　Eric Voegelin, *The Ecumenic Age*, ed. Michael Franz (Columbia: University of Missouri Press, 2000), p. 354.
3　Eric Voegelin, *The Ecumenic Age*, ed. Michael Franz (Columbia: University of Missouri Press, 2000), p. 361.

是对立的。所以，"天下"与"文"有关。"文"在本质上是文化性的。最初，"文"具有图案的含义；后来，"文"被赋予字符、文字和纹饰等含义，通常涉及人类生活的装饰性相。最终，"文"与和平的艺术发生关联，其中包括舞蹈、音乐和文学等艺术。"文"与"武"相对。和平的艺术与战争的艺术相对。"文"与"武"因为各自的运作方式或力量而相对："文"通过其德行威望的吸引力进行运作，"武"通过武装力量进行运作。在制度层面上，"王"与"霸"这两种统治类型，是进一步区分"文""武"两者含义的结果。"王"是天下统治者，为了和平共处，倾向于通过文化性的美德威望来治理国家。相比之下，"霸"代表霸权领导者，为了征伐四方，倾向于通过武装力量和战争来治理国家。于是，在不同为政策略的总计结果中，就形成了两个系列符号，即"国、武、力、霸"系列与对应的"天下、文、德、王"系列。[1]

显然，以上所述意在通过软实力来完善"天下"的本质特征，通过硬实力来淡化"国"或霸权统治的本质

---

1 Eric Voegelin, *The Ecumenic Age*, ed. Michael Franz (Columbia: University of Missouri Press, 2000), pp. 361 - 362.

特征。笔者赞同重估汉初推行天下政策的建设性优点，但需要适当考虑人类生存状况和全球现实政治。在这方面，"天下"可以被视为天下主义的核心，这关系到人类整体想要建立的那种念兹在兹的良好世界秩序。除了精神和情感上的内涵之外，"天下"本身可以被视为一个跨文化的概念，因为它超越了世界上所有文化或文明预设的边界或局限。此外，"天下"还可以被看作一种国际资产，用以呼吁生活在同一星球上的所有国家与民族患难与共、彼此合作。再者，"天下"还可以作为一个相互关联的概念，因为它要求对所有人类同胞抱有同情心或恻隐之心的人们彼此和睦相处。

不过，从微观历史角度来看，笔者发现汤因比所标举的天下主义学说，其潜在倾向是将特定历史时期的汉匈政坛理想化了。根据笔者在历史文献中所发现的结果，汉朝和匈奴之间在当时历史阶段的彼此"和洽"或合作，并不总是顺畅和平或相安无事的。事实上，双方的合作历尽曲折坎坷。面对强大善战的匈奴帝国，汉朝付出了沉重的政治与经济代价。除了强迫汉朝皇帝安排公主和亲之外，匈奴还逐年要求汉朝提供更多的贡品（如棉布、丝绸、食品和饮品、稀有奢侈品等）。即便这些条件得到满足，匈奴仍旧发动零打碎敲的边界局部战事，屡屡入侵中国北部边疆，进行残暴的屠杀和疯狂的掠夺。譬如，当时号称"飞将军"的边疆守卫李广，就像一名英勇无畏、恪尽职守的"救火队长"，率部往来奔袭于汉匈边界的守城之间，拼命抵抗来自匈奴军队的入侵和驱赶来自匈奴一方的野蛮抢掠者。但在实际效果上，这只是一种保边安民的应急性权宜之计，难以从根本上防止或解决这种游击式的外来袭扰、破坏、残杀与掠夺。

此外，汉朝的长期妥协，也助长了匈奴的统治扩张。后者先后征服了东胡、乌孙、呼揭等 20 多个西域国家，同时又把月氏等国赶出了自己原来的家园。换言之，这便促成了当时匈奴游牧帝国的政治霸权，使其迅速占领了 500 余万平方公里的领地，这一面积大约是汉朝总面积的两倍之多。这样的优势和收获，使侵略成性的匈奴人势力大增，刺激他们频繁入侵华北地区。为了避免冲突和战争对抗，汉朝不得不向匈奴支付高额款项作为补偿，实则是以财物与受辱换取边境和平。因此，笔者个人倾向于认为，这一历史阶段所实施的是一种天下主义的失衡模式（an unbalanced mode of ecumenism）。因为，在某种意义上，这种实践对匈奴的好处大于对汉朝的好处，且不论西域诸国家大多沦为匈奴的猎物这一历史事实。从地缘政治角度看，这种局面必会破坏地区稳定与政治平衡，进而引发无休无止的冲突或战争。也就是说，这种局面以小国的利益为代价，引发了丛林法则的过度运用。

古代中国有句箴言："物极必反。"在汉武帝刘彻统治时期，汉朝采取了新的政策来对抗匈奴。最初的对抗颇为艰难，成少败多，甚至危机四伏。后来的战役接连告捷，扭转危局，使得边防稳固。汉军前后经过六次主要的艰苦战役，最终将拒绝招降的匈奴部落逐出靠近中国边境的地区，将其驱至遥远的漠北一带（今蒙古国北部），获得"封狼居胥"的历史性战果。正是在这样的情况下，汉朝减轻了沉重的外敌入侵压力，确保了长城北段地区的安全，恢复了真正意义上的完整主权。[1] 所以，直到汉武帝刘彻治下的兴盛时期，一种天下主义的平衡模式 (a balanced mode of ecumenism) 才得以建立。这有助于打通西域，开辟丝绸之路，与更多国家进行贸易和文化交往。汉代（包括东汉）的丝绸之路，在其鼎盛时期，穿过古代西域36国，先延伸到中东，后延伸到罗马。

1　司马迁：《史记》第九册《匈奴列传》《卫将军骠骑列传》，中华书局，2014，第3483—3564 页。

　　但要看到，作为中国政治文化史上的首次成功实践，"天下"政策在缓和汉匈关系的过程中本身是国际性的，是惠及双方的。这种政策维持了七十余年，在此期间促进和维系了双边的和平。由于地缘政治和民族原因，以汉匈关系为特征的失衡模式，不可能永远持续下去。取而代之的平衡模式，有助于开辟丝绸之路，联系更多国家，使更多民族在双边贸易、经济互动、文化交流与国际合作中受益。从那时起，中国在处理国际关系时，一直将"天下"政策视为意识形态的重要组成部分，并在互惠条件下广泛实施与邻为伴、与邻为善的外交策略。在历史上，当中国足够强大和开放时，就会持守这一政策；但当中国陷入内乱和急剧衰落时，就无法持守这一政策。但要看到，"天下"政策也会成为一种政治修辞或口惠巧言。在中国悠久的历史长河中，某些阶段的兴衰沉浮可以提供足够证据来说明这种异常现象。在这方面，可以参考从7世纪到20世纪初的唐、宋、元、明、清各朝的实际情况。

三、和谐说作为关键驱动力

这里的问题是：天下主义的根本动因到底是什么？换句话说，促进和推动天下主义策略的关键驱动力到底是什么？汤因比倾向于将其归因于"同情感"，认为这种"同情感"使人以公正的奉献精神去爱护和服务所有人类同胞。故此，他宣称天下主义基于"同情感"而存在。这种"同情感"结合了两种爱：一是"个人之间通过相识所激发的爱"，二是"凭借共同人性对所有人类同胞产生的爱"。[1]

在中国哲学思想中，我们知道这种"同情感"与孟子所言的"恻隐之心"一般无二。事实上，源自孔子所倡"仁"德的"恻隐之心"，通常在孟子那里被界定为"仁之端也"。在原典儒学思想中，"仁"意指仁爱，在英语里常被译为 humaneness、human-heartedness、benevolence、kindness 和 love 等。"仁"的学说及其与德行的联系，在很大程度上建基于双重理据：仁爱理性与情感本体。"仁"需要情感参与，追求普遍之爱（泛爱），自身包含

1 Arnold Toynbee, *Mankind and Mother Earth: A Narrative History of the World* (Oxford: Oxford University Press, 1976), pp. 594 - 595.

一种美德修养过程。所谓仁爱，首先指向家庭成员，然后延伸到邻里或家国，最后扩展为爱护天下万物。

具体地说，汉字"仁"本身是象形结构，由两部分组成，左旁为"人"，右边是"二"。其含义显而易见，涉及至少两个人类个体之间的互惠关系。由此自然会引出符合共同利益的互惠性原则。此原则涉及相关个体充分享有的共同利益。通常，为了践行仁德，需要以仁爱理性来指导行为和确保善意。在儒家传统中，"仁"德深深根植于情理融合之中，其结果就是情理不分的心理习惯。"仁"德诉诸仁爱理性，主要是通过情感参与或情感融入来发挥仁慈或仁爱作用。一般说来，任何形式的理性行动，如果没有考虑情感本体与情感期待，那在许多情况下就会成为无本之木，或悬于理想，或囿于抽象，或失之偏颇，或令人沮丧，或徒劳无果。要知道，人类本性与生俱来是由情理两部分组成的二元维度，在此可称其为情感维度和理性维度。此两者唯有相辅相成，方可构成相对整全的人性，促成合情合理的德行。

与"仁"德相关的"泛爱"（泛爱众）或普遍之爱，是一个由近而远的发展或修为过程。它始于爱亲人，继而爱邻里，继而爱国人同胞，继而爱天下大众，继而爱世上万物。其所因循的逻辑序列，就是孟子所说的"亲亲而仁民，仁民而爱物"。此说无疑昭示出中国传统的根本支点，即将家庭奉为亲情和社交的核心。从这个核心出发，家庭之爱基于由近而远的亲疏关系，逐步扩展或辐射到所有人类同胞。有鉴于此，只有培养利他主义，才会使仁爱精神得以持守或升华，才会使家庭之爱超越自家限度而成为人类之爱，由此上达"泛爱"的境界，也就是儒家所倡仁爱的最高境界。"泛爱"或普遍之爱，必然同爱护和珍惜天下万物的行为相联系。如今，这种"泛爱"精神时常依据现代天下主义和生态环境保护的立场予以阐释，因此具有普遍性、包容性以及人与自然的和谐共存性或有机融合性等特质。

"同情感"或"恻隐之心"与"仁"德的联系，对于协调人与人之间的关系和提升社会的凝聚力至关重要。相比之下，"泛爱"的观念显然是理想性超过现实性的设定。"和"的观念则在人类的社会实践中兼具现实性与可行性。因此，无论是过去还是现在，"和"都可以被视为促成"天下"政策及其践行实施的关键驱动力。笔者认为这一立场是天下主义固有的逻辑要求和正当的目的性追求。实际上，"和"包含"和洽""和谐""协和""和合"与"和平合作"等意涵。该理念最早出现在古代礼乐文化中，它作为一个音乐术语，一方面用来协和各种乐器发出的各种声音，另一方面用来协和音乐与舞蹈的节奏性编排，由此构成和谐的艺术化整体，以便用于艺术教育，达到移风易俗与开启民智的目的。久而久之，人们赋予"和"更多丰富内涵，继而发展出"和谐说"，将其应用于艺术、政治、社会和道德等诸多领域。例如，战国时期，大国与小国之间冲突与战争频仍，为了维持社会秩序和人类生存，"和"被提升为中国的政治理想之一。此后，"和"一直得到推广，相继孕育了贵和的传统意识与和谐理论。

究其本质，现代意义上的和谐说，旨在联结、调整与协和不同的组成部分，抑或助推国家各行各业人士相互协作，抑或助推地球村里所有民族国家合作共赢。在大多数情况下，和谐说作为一种思维方式与处事方式，主要表现出如下倾向：利用不同特征促成相互服务与相互成就的利他性活动；利用相互对立与相互协助的因素达到求同存异与互利共赢的建设性目的。质而言之，和谐说强调"和而不同"，旨在化解矛盾或避免冲突。从社会学角度来看，和谐说提供了一种协调人际关系的策略。从目的论角度看，和谐说可谓天下主义的基本理据，追求"国泰民安"这一终极目标。自不待言，"国泰民安"是一种社会政治抱负，是中国从古至今孜孜以求的社会政治抱负。

总之，"和"不仅代表儒家目的论中"仁政"的最终目的，而且代表中国思想中和谐说的至要基质。在儒家思想中反复强调的贵和意识，乃是中国历史上政治意识形态的重要组成部分。源自贵和意识的和谐说，在本质上是爱好和平，以注重互惠、关切彼此与合作互动为基础。尤其自汉代以降，为政者始终致力于国内社会稳定与域外国际和平。因此，和谐说符合互惠性理据，可助推利用天下主义在国际关系中建立和平共处与互相协作的有利局势。而且，和谐说在很大程度上归因于实用理性[1]，其关切对象就是如何回应功利主义的诸种需求。据此，和谐说希望通过平等对话和协商谈判的方式，确立相互和洽的合作关系和彼此接受的实施方法。这种学说内含的贵和意识，迄今在中国依然具有鲜活的影响力，因为它深深植根于关涉社会政治事务的意识形态之

---

[1]　Wang Keping, *Rediscovery of Sino-Hellenic Ideas* (Beijing: Foreign Languages Press, 2016), pp. 159 - 165.

中。从理论上讲，和谐说的核心内容，体现在某些典型的和谐模式之中，这些模式具有各自不同但又彼此互动的特征。[1]

前文所述的范导、辩证、整合与容纳等四种和谐模式，均以促成合作的方式来应对各种分歧、矛盾甚至冲突，故此与天下主义有着特殊的关联性。可以说，这四种模式是运用天下主义的基本原则。它们作为和谐说的主要构成部分，通常可被理解为天下主义背后的关键驱动力或不可或缺的先决条件。比较而言，范导模式和辩证模式属于社会政治意义上的方法论，其目的是通过仁政或人性化良治，达到协调人际关系和稳定社会秩序的终极目标。整合模式和容纳模式属于一般实践意义上的方法论，其目的在于整合具有差异和具有建设性的组成部分，以此促成多样的统一（和谐），同时避免武断的"一"凌驾于和谐的"多"。举例来说：如果我们生活在一个支离破碎、幸福指数低下的世界上，我们可以转向和谐的范导模式，一起共同努力，为所有人建立一个和谐的世界。如果我们需要解决频繁的冲突，我们可

---

1 Wang Keping, *Rediscovery of Sino-Hellenic Ideas* (Beijing: Foreign Languages Press, 2016), pp. 111 - 112, 119 - 134.

以借鉴和谐的辩证模式，将其当作一种可能的替代方案。这虽然不能完全消除所有冲突，但至少可以减少冲突的频率，造就一个更为宜居的世界。面对如此众多的差异和对立，我们也可考虑运用和谐的整合模式，借此创构某种超越性的、更令人愉悦的东西。如果我们必须在社会甚至国际交往中应对短暂的误解和温和的偏见，我们也可以借助和谐的容纳模式，加强跨文化交流，助推移情性反应。可以肯定的是，在所有这些领域，人类有更多的事情要做，唯有这样才能逐步改善这个存在诸多问题的天下，才能逐步改善全人类困顿的生存状况。

天下主义的运行，归根结底是由文化来决定的，其背后的驱动力在很大程度上可归因于和谐说。按照汤因比的观点，天下主义是维护和平与秩序的替代性选择，这对当今的全球治理具有重要意义。不消说，推行天下主义绝非一件易事。早期道家就曾建议，"天下之难事，必作于易"。因此，为了人类共同的未来，首先要从思想观念入手，培养和提升各国人民对天下主义的认知觉解与践行意识。其后，应采取具体行动，推动多边对话，促进政治共识，构思实践指南，建立制度机制，参与各种必要的合作。所有这些行动，都应循序渐进，而非突发激变。

第十二章　和谐说与新社群主义

在哲学上，社群主义声称，个体的社会身份与人格大多是由社群关系塑造的。据此，社群主义非常强调个体与社群之间的联系，从而为个人主义的发展所留空间较小。社群主义关注生活、身份、关系与制度的社会性，更重视社群利益与公共物品的价值，并且认为这种价值根植于社群实践之中。这便与个体主义和自由主义形成鲜明对比，因为后两者强调个体权利，并将个体视为价值的终极始创者与持有者。根据这条思路，新社群主义产生于遍布整个分裂世界的诸种新境况。

一、一幅结构性素描

就新社群主义而言，其设想更具容纳性与综合性。也就是说，新社群主义主要是社会构成主义、价值社群主义与合作集体主义的整合体。简而言之，社会构成主义声称社会现实与其说是给定或既定的，不如说是取决于社会关系和人类实践的。价值社群主义涉及两样最基本的东西。一是致力于践行互惠、信任与团结之类的集体价值观念，这些价值观念主要有赖于承认主体间性这一门槛或阈界。二是致力于运用设施与服务等公共物品，协助社群成员发展他们的共同利益与个人生活。至于合作集体主义，它与价值社群主义会有重叠之处。二者都声称每个人的快乐或享受，一方面取决于他人的快乐或享受，另一方面取决于上述集体价值观念是否能够转为政治实践，借以落实一系列公共物品或共同利益。此外，新社群主义一再强调有效理政、和谐社会、广泛合作、合理分配与共享未来，等等。

　　依据和谐说的内在驱力与动机，新社群主义积极倡导建立人类命运共同体的理想。实际上，充分考虑到当前世界各地境况，新社群主义借助合作共赢的方式，趋于推动一种新型的全球化，谋求健康发展与互利互惠，构建一种和平与发展的全球架构，在世界范围内尽力缩小发达国家与发展中国家之间日益扩大差距，同时缩小某些国家内部贫富之间日益扩大的差距。在目的性追求上，新社群主义与世界主义的理想有些应和或类似。在康德看来，世界主义理想的基本性相就是致力于实现"永恒的和平"。换言之，新社群主义与世界主义的共同之处，就在于依据国际合作与国际正义，解决暴力肆虐的难题，构建全球人类共同体。

众所周知，当今世界面临着日益增长的威胁，这种威胁来自各种挑战，譬如恐怖袭击、局部战争、军事霸权、国家分裂、冷战思维、零和博弈政策、贸易保护主义与民族主义至上论，等等。虽然存在不同类别与不同层级的国际联盟与合作组织，但它们各自应对挑战的能力正在急剧萎缩，显得力不从心。

二、基本原则述略

鉴于上述微妙局势，如何构建人类命运共同体便成为当务之急。习近平主席从历史和哲学视角出发，代表中国政府和人民，庄严宣布了共建"人类命运共同体"的构想，借此阐述了开放、包容、清洁与合作等原则，倡导构筑一个持久和平与共同繁荣的世界。为了确保这一提议得到实施，他特别强调对话协商、共建共享、合作共赢、交流互鉴与绿色低碳的发展方式。此外，在联合国的一次重要会议上，他还倡导国际社会在合作精神主导下通力合作，"完善机制和手段，更好化解纷争和矛盾、消弭战乱和冲突"，共同"构建人类命运共同体"。[1]

这项提议原则上似乎更具理论性。笔者以为，这关乎一个宏阔而混合性的共同体设想，与工具性、缘情性和构建性的共同体设想具有特殊关联。[2] 从内涵上讲，此提议的主要目的，在于改善全球治理现状和探寻构建和谐世界的方法。在某种程度上，它一方面试想借此重新弘扬中国的"天下"观念，另一方面试想借此将儒家的"大同"理想予以现代化。"天下"观念如上所述，"大同"理想略述如下：

> 大道之行也，天下为公，选贤与能，讲信修睦。故人不独亲其亲，不独子其子，使老有所终，壮有所用，幼有所长，鳏、寡、孤、独、废疾者皆有所养，男有分，女有归。货，恶其弃于地也，不必藏于己；力，恶其不

1　习近平：《共同构建人类命运共同体》，2017 年 1 月 18 日出席日内瓦万国宫"共商共筑人类命运共同体"高级别会议的主旨演讲。
2　Michael J. Sandel, *Liberalism and the Limits of Justice* (Cambridge: Cambridge University Press, 1998), pp. 147‑154.

出于身也，不必为己。是故谋闭而不兴，盗窃乱贼而不作，故外户而不闭。是谓大同。[1]

上述表述清晰而包容。共同利益在此得到强调；所有人才各尽所能，各擅其长；所有阶层得到善待，安排周备；人际关系和睦，各国睦邻友好。基于政治治理与社会管理的正义之道，大同世界等同于世界联邦。世界由此成为平等、博爱、和谐、幸福与公正的完美世界。这体现出儒家的乌托邦构想，此构想可追溯到两千余年前。迄今，大同世界一直被奉为中国政治实践的最高理想。现在，这一构想参照共筑人类命运共同体的世界主义提议，得到重估与调整。

作为一个起点，这项提议本身伴随着一系列指导原则，譬如共商、共建、共享、互惠、无偿援助、合作共赢、和平发展与全球共存等等。所有这些指导原则的助推力量，来自互相尊重、跨国援助与天下主义奉献等等。值得庆幸的是，这项提议得到中国公民的广泛支持，因为相关设想均应和于传统的"天下"世界观与"大同"文化理想，均关联到天下主义的感应能力与儒家传统的尚和意识。

1　孔颖达：《礼记正义》，上海古籍出版社，2008，第874—875页。英文参 *Li Chi: Book of Rites* (Vol. I), trans. James Legge (New York: University Books, 1967), pp. 364‑365。

三、"一带一路"倡议

"共建人类命运共同体"的提议，与 2013 年发布的"一带一路"倡议并行不悖。相对而言，"一带一路"倡议在本质上更具实践性，而且连带出一系列具体举措。譬如，建立亚投行提供必要资金支持，进行基础设施建设投资，开展跨洲交通设施规划，建设区域联通网络，推进多边自由贸易，这些均需通过跨国互补性伙伴关系予以增强和提升。

如今，"一带一路"倡议已然作为一项国际公共产品得到推广。其目标在于促进世界的可持续发展，其所设定的若干主要原则与"共建人类命运共同体"提议的某些原则相重叠。不过，这需要在逐步发展的动态过程中更加具体化，需要进行细致的可行性研究，因为它意在吸引更多作为利益攸关方的参与者。毫无疑问，这一倡议实属一项更错综复杂和更具挑战性的项目。

因为，该倡议预计涉及为数众多的民族与国家、地理区域、经济结构、政治制度、文化价值、宗教信仰、经济差异和不同期待等等。总之，该倡议覆盖区域广阔、人口众多，远超历史上涉及经济与文化交流的任何一种人类实践活动。然而，种种风险随处存在。即便自然与疾病风险可借助现代交通与先进医学予以应对，但不同形态与不同程度的政治、经济与暴力风险注定会出现。例如，"一带一路"沿线国家恐怖袭击盛行，这会成为多年挥之不去的梦魇。

有鉴于此，风险控制便是"一带一路"建设的关键。从广义上讲，应对政治风险，需要全面外交，需要充分考虑每个参与国家内部不同政治实体与团体的不同期待与关切。应对经济风险，应当遵循市场法则，采取有效管理。在此情况下，逐案分析应当实事求是，汲取发达国家积累的经验教训。应对生态环境风险，务必依据地理特征，持守绿色发展原则，坚决摒弃先污染后治理、先破坏后恢复的错误政策。应对暴力风险，必须借鉴历史经验，组织国际力量，加强反恐能力，确保抵御任何危险的有效举措发挥积极作用。

无疑，"一带一路"倡议的开放领域，确然是以国际化与全球化为导向的。正如现今某些观点所表达的那样，这一倡议展现出中国的新作用，的确是"重新推介传统的'天下'观念"[1]。于是，就其长期发展而言，"一些中东欧国家，甚至已被包含在中国'大睦邻'的重要外交范围之内"[2]。既然如此，当务之急就是一方面根据全球语境重思和谐说的积极性相，另一方面在变化中的新条件下，从全球治理的视域出发，探讨构建天下主义新模式的可能性。

在笔者看来，这种可能性存在于"一带一路"倡议在未来数年的实施活动。这将有助于催生一种建设性的天下主义模式，但需要做出相关的合理调整，需要悬置怪癖异常的、民族中心主义的、单边主义的思想意识和冷战思维。如果这种天下主义模式能在"一带一路"倡议获得实验成功之时稳固建立起来，那将会提供更好的世界秩序，更能造福于全人类。这一切听起来就像是构建人类命运共同体的世界梦想，它有助于逐步建立起互相理解的普遍共识、互联交通系统与贸易交流系统，有助于推动"一带一路"倡议的积极实施，有助于缩小贫富之间的差距，有助于缓解某些文明、国家与民族之间

1　文化部对外文化联络局、中外文化交流中心编《"汉学与当代中国"座谈会文集．2016》，中国社会科学出版社，2017，第84—92页。
2　Mu Chunshan, "How Does Europe Rank in China's Diplomacy?," *The Diplomat*, April 5, 2014, https://thediplomat.com/2014/04/how-does-europe-rank-in-chinas-diplomacy/.

日益增长的紧张关系，这种紧张关系主要归因于霸权、贫穷与绝望。

尤为重要的是，应先采取什么行动来推进这个最复杂和最具挑战性的项目呢？据道家先贤所言：

> 天下之难事，必作于易；
>
> 天下之大事，必作于细。
>
> 图难于其易也，为大于其细也。[1]

相比于"一带一路"倡议涉及的其他领域，经济领域处于优先考虑的地位；鉴于社会和市场发展的需求，这个领域也是较容易达成一致的部分。现在，这个领域得到亚投行的支持，其投资主要涉及跨区域基础设施建设方面。这将使建立跨区域互联互通系统成为可能，进而确保相关国家之间的商贸交往与物流交通。不过，一旦要想提升不同背景下不同民族之间相互理解的水平，无论如何大力强调经济因素都不足以完成该目标。因此，这需要推进跨文化研究与交流，需要借助互惠意识与诚

---

[1] 老子：《道德经》第六十三章，见王柯平《老子思想精义》附录，中国大百科全书出版社，2017 年。

信原则，在培养一种宽容与审慎感的同时，也培养一种同情与共鸣感。另外，在制定计划与安排投资时，"一带一路"倡议参与者需要充分考虑潜在的安全威胁及隐形的成本。在这方面，尤其需要亚投行的成员、世界银行的顾问及所有参与者引入多边协商机制。在此情况之下，相关决策需要集体智慧与通力合作，需要借鉴和谐的整合模式，以此彰显人类智识，促进合作共赢。

究其本质，"一带一路"倡议在本质上是多维度或多向度的。基于开放性、包容性及和平发展诸原则，这项倡议旨在推进一种更为健康的全球化发展模式。由于越来越多的国家和地区加入到该倡议之中，因此需要相关参与方通过平等的对话和协商，共同创建一套共享的规则条例和一种有效的运作机制。这样一来，不仅能够增加合作共赢的比例与指数，还能使参与方加入到经济、安全、社会与生态环境等其他公共领域的全球治理之中。自不待言，面对当今全球治理与国家治理之间的鸿沟，所有参与"一带一路"计划的国家与地区，都应积极贡献各自的智慧，以便打造更为合理且互为补充的规则，促进世界范围内更好的合作。这将有助于创造更好的条件，实现上述两种治理的对接，缩小发展的差距，提高政府管理的水平，并在建立全球命运共同体的进程中发挥更具建设性的作用。

四、一项历史伟业

毕竟，"人类命运共同体"提议与"一带一路"倡议似已构成一项具有世界主义特色的历史伟业。这项伟业本身一方面是经济与政治的，另一方面也是文化与伦理的。从目的论上讲，它主要致力于整个人类的共同利益与全球共存。为了实现这一总体目标，现阶段至少要完成以下四项关键任务：建设现代交通体系以便发展跨国贸易，建设现代通信网络以便促进跨国交往，加强不同价值观念之间的相互理解以便提升跨文化共鸣效应，增进互信并尊重各自福祉和生命以便强化全球正义。

顺便提及，"中非命运共同体"恰逢试验性建构的最初阶段。从目前看，这既是一项区域性实验活动，也是构建"人类命运共同体"的一个序幕。随后，更多具体的举措也会与时俱进。举例而言，其中一项举措就是中国决定通过跨国合作与互惠来建立开放型的世界经济。

倘若上述总体目标能够得到实现，那么未来世界会成为人类最为宜居的和谐世界。因此，"人类命运共同体"提议是我们期望实现的提议，因为它符合人类的一般需求和愿景。然而，正如世界范围内的政治现实所示，强权大国多在以各种方式谋求各自的领导权与话语权。这些国家惯于霸凌和威胁小国与弱国，意在使其臣服于自身的意志与强权。不过，无论这些国家有多强大，手腕有多巧妙，终究会在一些地区出于诸多原因而遭遇挫折与回击。这昭示了如下事实：这些强权大国没有找到自身与小国相处的妥当方式。这种妥当方式可追溯到早期的道家思想。如其所言：

> 治大国若居下流也，譬之在天下，
>
> 犹川谷之与江海也。
>
> 大国者，天下之所流，天下之所交也。
>
> 天下之牝，牝常以静胜牡，以静为下。
>
> 故大国以下小国，则取小国；
>
> 小国以下大国，则取大国。
>
> 故或下以取，或下而取。
>
> 大国不过欲兼畜人，

小国不过欲入事人。

夫两者各得所欲，大者宜为下。[1]

老子继续用类比方式来解释相近的观点：

江海之所以能为百谷王者，

以其善下之，故能为百谷王。

是以圣人欲上民，必以言下之；

欲先民，必以身后之。

是以圣人处上而民不重，

处前而民不害，

天下乐推而不厌。

以其不争，故天下莫能与之争。[2]

这两段论说彰显出老子政治哲学的部分内容。其要义关乎大国与小国之间如何发展和维系良好关系。老子推崇的"以其善下之"的友善与谦和观念，对于当今的

---

1 英文参王柯平：《老子思想新释》，外文出版社，2010，第155—156页。中文参该书附录《老子道德经》（修订版）第六十一章。
2 英文参王柯平：《老子思想新释》，外文出版社，2010，第157—158页。中文参该书附录《老子道德经》（修订版）第六十六章。

强权大国具有忠告或劝导意义。唯有采取友善与谦和的态度，这些大国才能赢得小国的信任，才能为全球稳定与和平做出贡献。现行的和平共存政策，可被视为老子上述理论的引申或扩展。

老子提出的忠告，得自其所处时代的历史情境。当时的华夏，由一些大小不同的诸侯国组成。这些诸侯国之间冲突不断，时常以大欺小，以强凌弱，致使华夏一统毁于战乱分割。为了实现与维系和平，老子坚决反对野蛮战争，因为战争会导致灾祸，使民不聊生。这就是老子奉劝诸侯国无论大小，均应睦邻友好、互相容纳的原因。如今，人们切要谨记，在此领域能起关键作用的正是大国与强国。[1]因此，若从构建"人类命运共同体"的角度来看，老子倡导的方法，对于现代政治文化颇具现实意义。

---

1 Wang Keping, *Reading the Dao: A Thematic Inquiry* (London: Continuum, 2011), p. 97.

第十三章　和谐与公正

大体从 2004 年起，中国经历了一场全国性"构建和谐社会"的实验。质而言之，这场实验令人瞩目，具有建设意义，但在某些领域，情势错综复杂，遇到诸多挑战，故此发人深省，值得重思。

在从跨文化视域探讨东西方伦理学的新近思索中，李泽厚提出"和谐高于公正"的命题，涉及原典儒学的理想，关乎人类社会的未来。这一命题意指一种层次考量而非价值判断，所论包括人际、身心与天人三种和谐形态以及和谐与公正的内在逻辑关系。另外，从实用意义上讲，这一命题还试图阐明"中用"与"西体"的互动互补关系。换言之，它在特定条件与语境下，可通过论述和谐与公正的不同功效，深化和提升"中用"（中学为用），影响和补充"西体"（西学为体）。本章将参照李泽厚的哲学伦理学和人类学历史本体论方法，重点探究和谐与公正之间的微妙联系和三种和谐形态的主要理据，同时还将借助"中国宗教性道德"的某些核心要素，着力揭示和谐这一命题背后的根本动因。

一、一种层次考量

李泽厚最初在 2007 年提出"和谐高于正义"这一命题。[1] 随后在 2009 年一次关于伦理学的采访中，他对其再做简述。[2] 在 2016 年出版的《人类学历史本体论》里，他又对其略做修改，将"正义"易为"公正"。[3] 这次修改旨在剥离"正义"中"义"字在人行使义务时所涉及的情感意涵，并从公私区别与对立、无偏推理、法庭公断、无情感介入和理性至上等角度确证"公正"的实质。在 2017 年出版的《伦理学纲要续篇》中，他将上述命题改述为"情感和谐高于理性公正"，并在一系列座谈和访谈中，从关系伦理和情理结构出发，对此做了进一步阐释。[4]

坦率地说，"和谐高于公正"的命题，并非一种价值判断，而是一种层次考量。所谓层次考量，就是根据人类需求层次的分布，将和谐作用置于公正作用的层

1　李泽厚：《谈"恻隐之心"》，载氏著《伦理学纲要》，人民日报出版社，2010，第158 页。
2　李泽厚：《伦理学纲要》，人民日报出版社，2010，第 188—195 页。
3　李泽厚：《人类学历史本体论》，青岛出版社，2016，第 151—157 页。
4　李泽厚：《伦理学纲要续篇》，生活·读书·新知三联书店，2017，第 55—59 页。

次之上。它设定和谐作为儒家政治理想的至高范式，相比于公正作为社会伦理的绝对律令，因循的是先有公正、后讲和谐的逻辑顺序。因为，公正是现代社会性伦理的基本原则，是实现人类关系和谐的前提条件。在这里，唯有公正得到充分落实，和谐才会有望得以贯彻。

和谐与公正之间的内在逻辑关系，可从多个立场鲜明的陈述中看出。据李泽厚所述，和谐的概念出自原典儒学的礼乐论与社会政治关系：

> 原典儒学是礼乐论，是以亲子关系为主轴构建合情合理、情理互渗的社会政治关系，从家庭、氏族、部落、国家到天下，虽然有一定的理想化，但和谐却是明确的总体目标，强调人不只是社会理性的、秩序制度的，同时也是人际情感的、心灵和同的。"正义"来自"理"，"和谐"出自"情"，但无"理"的规范，"情"也无从实现，此之谓"合情合理""通情达理"。[1]

由此说来，"理性"要对"情感"加以规范，使情感不再是原始和本能的情感。这种情感代表人性情感，

---

1 李泽厚：《伦理学纲要》，人民日报出版社，2010，第190页。

而非动物情感。再者，没有"理"的规范，"情"就无法实现，而此"情"应是合乎情理的产物，是人文化成的结果。

"和谐高于公正"的命题，不仅指向人类社会的未来，而且代表中国对世界未来的部分贡献。该命题的哲学基础，主要是"情本体"说。值得注意的是，李泽厚认为"权利优先于善"，即优先于各宗教、文化、哲学所宣讲的善恶观念。这主要是因为公正、公共理性与"现代社会性道德"在中国个体公民的政治社会生活之中颇为缺失。有鉴于此，人们总是保持警惕，警惕各种"和谐说"被用以掩盖、贬低和阻挠以"公正"为基本准则的现代社会性道德及其制度的真正建立。[1]

据其所论，李泽厚似乎着意在此领域进行跨文化反思，一方面根据中国思想传统，将和谐同"情感"与"情境"联系起来，另一方面借助西方思想资源，将公正同"理性"与"社会契约"等同视之。他特意用"道"的生成本源，为"情本体"说进行正名。作为天道或人道，"道始于情"，此情（情感、情欲、情境）是人性中最本质的方面。随着时间的变迁，"道"逐渐演化为一整套

1　李泽厚：《伦理学纲要》，人民日报出版社，2010，第194页。

包括典章制度、仪式风俗与行为规范在内的"礼"。同样，"礼生于情"，但"礼"也被当作规制人类个体道德行为的准则。在群居性社会中，"礼"通常作为社会风俗和伦理原则，主要用来协调人际关系。论及个人的内心，诸如此类的"礼"都会对人的"情感"和具体"情境"产生主要影响。

在久远的历史进程中，和谐通常在中国传统中被标举为政通人和的理想范式，而公正一直在西方传统中被膜拜为善治良政的至要基石。举例来说，孔子将"和(谐)"奉为贤达理政的最终目标，亚里士多德则把"公正"视作所有其他主德(智慧、勇敢、节制)的综合结果。在社会组织和管理方面，公正乃是最为重要的基石，因为它为人类社会提供了本体论基础。在人类历史的长河中，公正的支点作用显而易见，最早体现在古代雅典政体之中，是代表健康民主制度的里程碑，如今依然是确保相互合作与共同福祉的关键。所以，若没有充分履行公正，人类社群就不能维持长治久安。不过，公正并非万能。因为，人类就其本性而言，既是理性存在，也是情感存在。人具有多重需要，从低层到高层，包括生理、社会、友情、认知、审美与精神等诸多层次。在原则意义上，公正基于理性,特别有助于确保社会组织秩序;和谐基于情感,特别有助于疏通人际亲和关系。从各种人类需要来看,这两者实则须臾不离。由此可见,公正在确保社会秩序方面具有优先性,和谐则是对人类社会与世界未来的幸福承诺。

需要指出的是,尽管"理性公正"是实现"情感和谐"的前提条件,并在公共理性与"现代社会性道德"领域里起着必不可少的作用,但它与理性至上式公正并不等同。实际上,李泽厚对西方意识中理性至上的倾向表示怀疑,多次批评工具理性与理性至上的负面效应和泛滥现象,而且断言仅靠理性至上式公正不足以适当应对所有人类事务或满足人类的所有需求。为了解决这一问题,他有意拓展了"情本体"的范围,将其设立为一种替代方式,用以平衡理性至上与公正膜拜的偏差。他反复倡导"情感和谐"的思想理念,明确表示"和谐"在丰富人际关系和构建社会共生方面的独特作用。在笔者看来,李泽厚的相关思考,均指向他自己念兹在兹的最终目的。也就是说,他力图将中国思维方式和价值观念中的优秀部分,转化为今日社会本体论的不可或缺的互补性组成部分。另外,他将其奉为一种成果性贡献,试想协助人类应对目前的种种道德挑战。简言之，李泽厚是从跨文化立场出发，凭借转换性创造来设立一种有利于人类共存的伦理范式。

在这方面，李泽厚的努力结果，部分地反映在他对和谐与公正之相互关系的实用性思索之中，这在其2017年以来的著述中表现得愈加显著。他在论述中断言，从人际关系的互惠性和人类社会的未来角度看，"和谐高于公正"。但在社会现实的目前阶段，公正具有第一优先性，因为它明确区分是非与对错，力求保证平等与合理，等等。在这里，和谐虽高于是非明确、公平合理的公正，但又不能替代公正，而是在公正基础上的和谐，所以只能"范导和适当构建""现代社会性道德"，而不能决定和管辖公正。"和谐"属于"以德（教）化民"，"公正"属于"以法治国"。[1]李泽厚进而澄清了如下要点：和谐与公正之间的联系，类似于"法治"与"人治"之间的联系。社会必须有了"法治"才好讲"人治"，有了"公正"才好讲"和谐"。如今"法治""公正"尚未实现，大谈"人治""和谐"会有危险。[2]就积极

---

1 李泽厚：《伦理学纲要续篇》，生活·读书·新知三联书店，2017，第49页。
2 李泽厚：《伦理学纲要续篇》，生活·读书·新知三联书店，2017，第60页。

意义上的"人治"而言,原本目的是通过贤能实施仁政,
这向来被誉为儒家"内圣外王"的政治理想。就潜在的
"危险"趋向而论,这里是指在没有充分落实"法治""公
正"的情况下贸然推行"人治""和谐",其结果有可
能干扰或悬置正在进行的促进中国现代化的法治改革,
最终有可能使中国不进则退地返回到半封建的过去。值
得一提的是,李泽厚经常关切的一点是:要坚持法治,
辅以人情,而不是相反。与此同时,要重视传统德治人
治中的"情本体"精神如何能注入到现代法治中。[1]

二、三种和谐形态

罗尔斯（John Rawls）和桑德尔（Michael Sandel）曾就
公正的模式及其限制多有论争。有鉴于此,李泽厚诉诸
原典儒学传统,出于补苴罅漏的理论自觉,概述了自己
的"哲学伦理学"。与桑德尔推崇"共同善"与"好生
活"相比,李泽厚倡导如下三种和谐:

1　李泽厚:《伦理学纲要》,人民日报出版社,2010,第193页。

我提出"和谐高于公正"是认为：人际和谐、身心和谐、天人和谐（人与自然生态的和谐），它们作为"情理结构""关系主义"对现代社会性道德的"范导和适当构建"，才是维系人类生存延续的最高层也最根本的"共同善"和"好生活"，这才是"目的"所在。[1]

据笔者理解，在人类面临无数挑战与危机的当下，这三种和谐形态的重要性和必要性，就在于有助于改善人类生存状况，有助于缓解社会撕裂、政治内斗、心理文化问题与自杀、全球变暖与生态环境恶化等挑战与危机。另外，这三种和谐形态所提供的替代性架构，不仅在理论上具有目的论导向，而且在实用意义上是人所向往的境界。不难看出，"人际和谐"可被视作处理社会撕裂和政治内斗问题的良方，"身心和谐"可被用作缓解心理文化问题与减少自杀现象的疗法，"天人和谐"可被当作解决全球变暖问题与生态环境恶化问题的手段。这三种和谐涉及三个领域，即社会、个体与生态环境。

我们先从原典儒学传统的"关系主义"视角出发

---

[1] 李泽厚：《伦理学纲要续篇》，生活·读书·新知三联书店，2017，第49页。

来审视社会领域里的"人际和谐"向度。"关系主义"（Guanxism）这一新词可以理解为"道德关系主义"，它将人际关系理解为道德关系。这种关系主义植根于中国人的心理意识和社会现实之中，旨在处理复杂社会网络中的人际关系，在功用特征上有别于"个体主义"和"集体主义"，因为："中国重视的恰好是个体间以血缘为轴心纽带非平等地所开出的由亲及疏、由近及远从而各有差异的多种不同的'关系'。这'关系'是理性秩序，更是情感认同，'关系'产生于情境。"[1] 简言之，"关系主义"在指向"人际和谐"时借助的是情感与亲情。其起源可溯至古代的礼乐文化，此文化的初衷是用于治国理政和教化民众。如前所述，"礼"是典章制度、风俗礼仪与行为规范的综合体。此外，"礼"还是一套用来建立社会分层与维持社会秩序的复杂教义系统。时至今日，某些教义仍有影响。例如，基于"天、地、君、亲、师"构成等级的"五位"（五牌位），介于"父子、夫妻、君臣、兄弟及朋友"关系之间的"五伦"，要求"父慈、子孝、兄良、弟弟、夫义、妇听、长惠、幼顺、君仁、臣忠"宗亲和睦的"十义"。上述"五位""五伦"与"十义"，

1　李泽厚：《伦理学纲要续篇》，生活·读书·新知三联书店，2017，第27页。

连同托于"礼"的"三本"说，一起昭示出原初等级与人际关系。据荀子所述：

> 天地者，生之本也；先祖者，类之本也；君师者，治之本也。无天地，恶生？无先祖，恶出？无君师，恶治？三者偏亡，焉无安人。[1]

因此之故，"礼"倡导人们"上事天，下事地，尊先祖，而隆君师"。值得注意的是，"上事天，下事地"的行为，有助于塑造虔诚的德行；"尊先祖"的行为，有助于育养孝顺的品质；"隆君师"的行为，有助于培养敬畏之心。它们均本于"情"，可为社会结构的关系层面带来某种准宗教色彩。在"天、地、君、亲、师"的"五位"系列中，李泽厚有意用"国"代替了"君"。"国"所要求的是"爱"而非"敬畏"，因为"天、地"之下的"国"等同于"乡土"，是从人所居住、生长、关怀的那片土地、家园和国家生

1　王天海：《荀子校释》，上海古籍出版社，2005，第757页。

发出来的。[1] 显然，这一替换更适合现代人和现代社会生活，而"君"作为封建遗产，已然成为过去。

历史地看，上列所尊"五位"，是从"三本"引申而来，似与"五伦"隐性关联，由此形成复杂的社会网络。分别说来，"五伦"中的"父子"关系，基于仁慈与孝敬的德行；"夫妻"关系，基于温柔与服从的德行；"君臣"关系，基于礼貌和忠诚的德行；"长幼"关系，基于慷慨与恭顺的德行；"朋友"关系，基于诚实与信任的德行。维持这些人伦关系的正是社会化和规范化的"人性情感"。于是，个体无一例外地生活在这种并不平等的"关系"（人际关系网络）之中。在这里面，人们发现和体验生活的意义、生命的价值与生活的方式。所列"十义"，涉及更多的关系和内容。其范围更加广阔，意在维系大型社群的和谐氛围。其所要求的德行也更加多样，但都以情感为本位，以亲情为导向，最终旨在建立一种关系主义伦理。若"三本""五位""五伦""十义"能借

1　"天、地、君、亲、师"的旧秩序被"天、地、国、亲、师"的新结构取代。参李泽厚：《伦理学纲要》，人民日报出版社，2010，第187—190页。另参李泽厚：《关于"美育代宗教"的杂谈答问》，载刘再复《李泽厚美学概论》，生活·读书·新知三联书店，2009，第231页。李泽厚解释说："……中国传统的'上帝'、'天地'，以其物质性与人间血肉更自然地联结在一起。……天地神明就行走在'国、亲、师'之中，它构成了神圣的历史和历史的神圣。……'国'是什么？是乡土。……'亲'是什么？是以血缘亲属为核心的人际关系。……'师'是什么？是人赖以生存的经验、记忆、知识，即历史。"

由情感和德行的纽带有序运作，那么"人际和谐"就有可能得到有效的滋养和确立。即便社会结构或社会网络在家庭之中及社会成员之间含有不平等性，它仍会持续强调和谐本身，因为和谐是情感性的。唯有借助和谐的手段，人际关系才能真正续延长久，"十义"才能帮助人们将肉欲予以理性化和规范化，最终才会使"情理结构"以非本体论的互惠方式转化为"人际关系"。当然，"人际关系"显然不平等，但却能和谐共存；与其关联的"情理结构"，也会随着"人际关系"网络的不同而变化。总之，中国的关系主义伦理，既有别于希腊的德行伦理，也不同于罗尔斯的"公正感"，因为后两者都是以平等和个体主义为前提。[1]

然而，儒家认为，"人际和谐"不能按照单一轨迹得到全面发展。事实上，礼乐文化具有双向功能。譬如，礼由外作，乐由中出。礼由外作而别异，是根据社会等级把相关规范从外部强加于人；乐由中出而同和，是因为音乐发自于感于外物而生的内在情感。通常，音乐所追求的和谐具有多重功能。例如，和谐会审定外物诱发的情感，会满足人们幸福快乐的需求，还会为了维持社

---

1 李泽厚：《伦理学纲要续篇》，生活·读书·新知三联书店，2017，第54—55页。

会秩序而促进人际关系的和谐共存。有鉴于此，

> 故乐在宗庙之中，则君臣上下同听之，莫不和敬；
> 闺门之内，则父子兄弟同听之，莫不和亲；乡里族长
> 之中，则长少同听之，莫不和顺。故乐者，审一以定
> 和者也。[1]

由此可见，"和敬""和亲"与"和顺"这三种精神，各自被赋予维持上下各界人群关系和谐的潜能。在这方面，音乐和谐从结构上类似于"人际和谐"。事实上，儒家乐教与礼教彼此互补，其目的在于上达和谐境界。据李泽厚所述，这种和谐主要借助人性感情得以实现，它既是理性秩序，也是情感逻辑，有助于促进家庭和谐与社会和谐。[2]

至于个人领域里的"身心和谐"向度，本属文化心理学层面，在很大程度上有赖于人类个体内在的"情理结构"。在柏拉图主义那里，灵肉二分法可谓持之以恒、影响久远。鉴于身体的必朽性及其消极限制，肉身

1　王天海：《荀子校释》，上海古籍出版社，2005，第809页。
2　李泽厚：《伦理学纲要续篇》，生活·读书·新知三联书店，2017，第56—57页。

被假定为心灵的牢狱。根据"俄耳甫斯教派－毕达哥拉斯学派的合成论"（Orphic-Pythagorean conglomerate）[1]观点，心灵则被看作具有不朽性和轮回性。与此相反，在中国文化传统中，身心虽有分别，但身心合一总是备受推崇。这种合一性，在心智运动与文化心理意义上，指向"身心一体"或"身心和谐"。举例来说，前者展示在武术表演的活动中，后者蕴含在"情理结构"的发展中。

根据中国的思维模式，人的身体被喻为物质欲望的源泉，所欲求的对象包括日用必需品、生活条件和传宗接代等等，通常由于欲壑难填而滋生种种问题。人的心智与人的心脏相关联，从而结成主司推理和思维等认知活动的感官能力。当个体为身体欲望所控制时，就会难以自拔，贪得无厌，眼中唯有自己，而无他人。不过，这些欲望可借助人的理性和人文，转化成人性情感。而人性情感通常会理性化、道德化或社会化。因为，人之为人，毕竟是理性、道德和社会存在。当人性情感的修养达到一定程度时，人类个体就会从互惠或仁爱的视域出发，变得敦厚体贴，眼中不再仅有自己，而是能为他人

1 Michael L. Morgan, "Plato and Greek Religion," in *The Cambridge Companion to Plato*, ed. Richard Kraut (Cambridge: Cambridge University Press, 1993), p. 236.

着想。当这样的情感升华到高尚程度时，人就会变得无私而利他，就会更多关心他人而非自己。这种将身体欲望转化为人性情感的过程，就是"情理结构"的塑建过程。

在李泽厚看来，"情理结构"为人类所特有。此复杂的"情理结构"，就等于人性或人性心理。[1] 出于同样的原因，人性不是自然性，而是人化的自然，是人文与人性能力发展的结果。因此，从原则上讲，人性问题是"情理结构"问题。这个结构在外在人文上表现为情境、情感对"公正"的范导，在内在人性上表现为人性情感与人性能力、善恶观念的谐同。[2] 如此一来，塑建"情理结构"，就是树立人性，因为它是决定人之为人的关键。人性主要包含三个部分，涉及知、情、意三个互动互渗的维度。认识以知为主，审美以情为主，道德以意为主。认知维度（知）主要是认识论的，情感维度（情）主要是审美性的，意志维度（意）主要是伦理性的。它们以微妙和复杂的方式，与人类大脑中各区域间的不同通路、网络和信息形成不同关联、结构、形态和模式，这些东西又以不同方式、层次、种类和类型产生诸多变

---

1 李泽厚：《人类学历史本体论》，青岛出版社，2016，第648页。
2 李泽厚：《伦理学纲要续篇》，生活·读书·新知三联书店，2017，第64页。

异，其区分之大，形态之繁细、复杂、精妙，只有后世脑科学才能窥奥堂、得结果。[1]

通常，知、情、意三个维度，会协同促进人性能力的成长。这将涉及三大要素：一是"理性内构"，通过认识能力，使人能够处理数字与逻辑等；二是"理性凝聚"，借助意志能力，使人能够因循道德恰当行动；三是"理性融化"，借助审美能力，使人感受优美和发现真善。[2]这三种要素与情理之间复杂交织的关系密切相连，由此促进或提升"情理结构"的发展。

人类个体的"情理结构"，在儒家那里被视为深层结构，也就是"百姓日用而不知"的生活态度、思想定式、情感取向。它可以说是意识和潜意识、情绪和理性相交绕纠缠的复合物，由此将人性的情理融合为一个复杂整体。在这里面，情与理两个方面彼此交融、渗透、贯通和统一。[3]另据李泽厚所述，塑建"情理结构"的方法论，主要基于"历史具体"与"度的把握"这一双重考虑。相较于"理性至上"的基本观点，此方法不赞成用一种抽象的理性原则普遍地直接地施加在一切事物之上，不

1　李泽厚：《伦理学纲要续篇》，生活·读书·新知三联书店，2017，第400页。
2　李泽厚：《伦理学纲要》，人民日报出版社，2010，第163页。
3　李泽厚：《伦理学纲要续篇》，生活·读书·新知三联书店，2017，第368页。

赞成伦理道德来自这种普遍适用的抽象理性。[1]据笔者所见，"历史具体"因时而异，循情而变。它们与中国传统的时过境迁、境迁情变的理念相关。因此，在人生、文化、历史与实践中，具体远远多于普遍。就"度"而言，它可在具体情境中出于特殊缘由用来做出正确或恰当之事。度是一种艺术，用以调节和取得重要因素的恰当比例，最终达到良好的结果。有鉴于此，度在用来塑建人类个体的"情理结构"时，就会创构一种适当的情理综合体，也就是情感部分与理智部分彼此和谐的综合体。所有这些就使上面所说的"身心和谐"成为可能。

接下来让我们审视一下生态环境领域里的"天人和谐"问题。李泽厚就此所言的"天人和谐"，在概念上隐含于"天人合一"之中。在中国传统里，"天"的观念用来意指天地、宇宙、自然、天道或天理等。如今，"天"的含义被扩展延伸，可用来表示自然生态环境。再者，人们出于全人类自身的生存，越来越关注全球变暖现象，越来越重视生态环境保护。

究其本质，"天人和谐"关乎人与自然关系的和谐合作，其目的在于保护自然生态环境，提升人类整体的

1　李泽厚：《伦理学纲要续篇》，生活·读书·新知三联书店，2017，第 25 页。

生活质量。在李泽厚看来，"天人和谐"涉及一种"有情宇宙观"，同"科学宇宙观"形成对照。[1] 这种"有情宇宙观"，意味着对物质世界、人类生活和人类生存采取积极态度。因此，它以情感类比的方式，将人的身心与自然万物联系起来，从而肯定、重视和提升理性化之人的自然需要、欲望、情感，不去刻意追求离开肉体的灵魂超升、天国进入。[2] 对儒学来说，"活（生命）"的意义就在"活（生命）"本身，就应在人生世事里面寻求。因为，人首先"活"在天地自然之中，含辛茹苦、挣扎奋斗。这便是儒学赋予"活（生命）"以宏大宇宙之情感性肯定意义的由来。事实上，宇宙本无情，自然本中性。然而，儒学偏偏认为"天地之大德曰生""仁，天心也""天行健，君子以自强不息"。这里，"天地"或"天"，意指宇宙或自然；所谓"生"，意指赋予万物以生命。宇宙的这种化育能力被视作"大德"，等同于"仁德"。显然，这种"大德"或"仁德"，从本质上讲是有情的，是以"情"为体，将"人活着"予以宇宙性的泛情感化，即给予整个宇宙自然以温暖的、肯定的人

1 李泽厚：《哲学探寻录》，载《人类学历史本体论》，青岛出版社，2016，第393—394页。
2 李泽厚：《伦理学纲要续篇》，生活·读书·新知三联书店，2017，第62页。

的情爱性质,以此来支撑"人活着"的现实。[1]这便使人受到鼓舞,从而追求全面发展自己的本性,同时还有意帮助他者来参与同类作为。此外,这种思想还建议人们知天命尽人性,仁民而爱物,赞天地之化育,曲成万物而不遗,由此上达人"与天地参"的境界。[2]这种"参",可谓儒家式的"三位一体",意味着天、地、人"三才"结成一体。这类似于"天人和谐"或"天地人和谐"。于是,从生态环境意义上讲,这就要求人们具有相关意识并采取实际行动,为全人类照看好天下万物,保护好生态系统。

三、中国宗教性道德

从实用意义上讲,什么是推动上述三种和谐形态的重要动因或主要驱动力呢?正是"中国宗教性道德"。这种道德的组成,包括上述四个已知观念,即原初等级("三本""五位""五伦""十义")、"关系主义"、"情

1　李泽厚:《人类学历史本体论》,青岛出版社,2016,第393页。
2　英文参理雅各译《汉英四书》,刘重德、罗志野校注,湖南出版社,1992,第49、59页。

理结构"与"有情宇宙观"，另外还涉及更多其他要素，诸如"人与宇宙协同共在"和"天民"等等。

在李泽厚的表述中，"人与宇宙协同共在"时常被简化为"人与宇宙协同"[1]。这一观点引申为"有情宇宙观"，其意是以相随互伴模式（concomitant mode）促进人类生成与自然保护。在发生学意义上，它源自"天人合一"的传统理念，表示相关双方彼此依赖互惠。在哲学意义上，它被看作一种形而上学假设，涉及"物自体"。没有这一假设，就没有基于感知的经验之源，也无基于形式的力量与情感之因。宇宙本身引致先验的未知对象，人为操作与符号系统创构出先验的认知主体。从历史本体论的观点来看，这两者是在人类实践的基础上统一起来的。凭借"以美启真"与"自由直观"，人类就能设法窥探宇宙的奥秘，安顿此在人生。正是这个充满偶然性和自发性的活生生的生命，沟通着人与宇宙。人们因此发现，有必要以"人与宇宙的物质性协同共在"的名义，来建立"物自体"这一形而上学假设。正是这一假设，成为"此在人生"与"人之为人"不可或缺的前提。唯有借此假设，才能使人把各种秩序赋予宇宙（自然）

---

[1] 李泽厚：《伦理学纲要续篇》，生活·读书·新知三联书店，2017，第142页。

成为可能。[1]尽管此处所说的"各种秩序"在历史、文化和概念上各有不同,但它们均倾向于承认人与万物在宇宙整体中所结成的动态、连续和重要的互动关系。在这方面,它们似乎在物质和形而上学意义上表现出一种共生原则(a principle of symbiosis)。

谈及"天民",这在孟子看来可谓人所能够成就的至高范型。他们实际上是指:"天之生此民也,使先知觉后知,使先觉觉后觉也。"[2]另外,他们是可尽天理的经世济民者,其自身担负着使命感,推崇并践行知行合一之道,既是"达可行于天下而后行之者",也是"正己而物正者"。[3]他们的所知所行,因循的是崇高的"天理"或"道德原则"。在原典儒学那里,"天民"德行高尚,超过"大人",能够知天、用天、配天、事天。但从实用观点看,孟子似乎将"天民"与"仁人志士"等同视之。换言之,"天民"追求的是"仁民而爱物"[4]的理想。所谓"仁民",是"亲亲"之情外延或推广到

1　李泽厚:《实用理性与乐感文化》,生活·读书·新知三联书店,2005,第53—54页。
2　焦循:《孟子正义》,沈文倬点校,中华书局,1987,第654页。英文参照雅各译《汉英四书》,刘重德、罗志野校注,湖南出版社,1992,第445页。
3　焦循:《孟子正义》,沈文倬点校,中华书局,1987,第903—904页。英文参照雅各译《汉英四书》,刘重德、罗志野校注,湖南出版社,1992,第519页。
4　焦循:《孟子正义》,沈文倬点校,中华书局,1987,第949页。英文参照雅各译《汉英四书》,刘重德、罗志野校注,湖南出版社,1992,第533页。

社会成员的结果。所谓"爱物"，是根据互惠法则关照佑护万物的善行。举例来说，孟子出于"仁民而爱物"的意识，特意劝导人们："不违农时，谷不可胜食也。数罟不入洿池，鱼鳖不可胜食也。斧斤以时入山林，材木不可胜用也。"[1] 如此一来，林木与鱼类不仅得到保护，而且能够丰产丰收。人们依此就能获得充足的生活资源，从而过上善好的生活。反之，滥砍滥捕滥用自然资源，就会导致有害的后果，就会剥夺自然的化育能力。这种不计后果的行为，形同"杀鸡取卵"。

那么，"中国宗教性道德"对于人类生存状况有何其他助益呢？在李泽厚看来，此道德会引发一种"转换性创造"，改良性地创造或创立一种新的伦理道德与政治经济体制。因此可将其用做一种"范导原理"，借以适当构建"现代社会性道德"和政治经济体制，使其首先成长在中国，然后逐渐普及和适应到全人类。[2] 也就是说，它们能够用来深化和提升"中学为用"，影响和补充"西学为体"。

从目的论上讲，李泽厚依照自己的思路，所追求的

1　焦循：《孟子正义》，沈文倬点校，中华书局，1987，第54—55页。英文参理雅各译《汉英四书》，刘重德、罗志野校注，湖南出版社，1992，第265页。
2　李泽厚：《人类学历史本体论》，青岛出版社，2016，第140—141页。

目标至少可分为三个向度。首先，他将"中国宗教性道德"当作"范导原理"，将"现代社会性道德"视为"构造原理"。源自中国思想资源的宗教性道德，涉及"三本""五位""五伦""十义"等主要内容，同时关乎上述三种和谐形态。比较而言，源自西方思想资源的"现代社会性道德"，主要是由平等、自由、人权与民主所构成，主要关注的是公正的有效性。[1]在实用意义上，"中国宗教性道德"与"度"这一实际操作艺术有关，同时与"情本体"这一哲学基础相关联。当其用作"范导原理"时，就有可能如其所期待的那样，有助于范导和适当构建"现代社会性道德"。

自不待言，社会生活有赖于多种多样的法则。这些法则源自"现代社会性道德"、法典、形式公正、个体主义、功利主义、自由主义以及恪守"权利先于善"的公共理性所形成的一座大仓库。它们不能以抽象与机械的方法付诸实施，否则就会引发某种有害的后果，就会将社会交往置于危险之中。因此，要在充分考虑具体情境的情况下，将它们引入到社会生活之中，这需要借用源自原

1　李泽厚:《人类学历史本体论》，青岛出版社，2016，第391页;《伦理学纲要续篇》，生活·读书·新知三联书店，2017，第63页;《伦理学纲要》，人民日报出版社，2010，第33、190页。

典儒学的"中国宗教性道德"予以矫正或调整。它们之所以有助于减少生硬法则所导致的负面效应，就是因为它们更注重和谐而非其他价值观念。在笔者看来，倘若"中国宗教性道德"能够适应世界各地的不同情境，那就有可能丰富全球伦理准则，有利于促进"跨民族"或"跨国恩惠"（transnational beneficence）。按照米勒（Richard W. Miller）的说法，"跨国恩惠"的真正诉求，与跨国互动和跨国责任的真正诉求密不可分。如果没有相互依存、相互信任、相互尊重、欣赏每个人生的平等价值等可资使用的条件，这些诉求就无法得到满足。至于上列条件的隐性根基，在部分程度上就是共鸣原则与奉献原则。面对这两条原则，真正的践行者理应让前一原则基于后一原则。如此一来，他们就会将这两条原则发挥到极致，从而对人类的需求表现出巨大关切和积极反应。[1]不过，这一道德场域有其局限。故此，在大多数情况下，法律保护不可或缺，因为"凭借法律而非私人积极性来贯彻恩惠的诉求，会保护有责任感的人们免受竞争性的打击，这种打击来自那些并没有兑现自己恩惠责任的人

1　Richard W. Miller, *Globalizing Justice: The Ethics of Poverty and Power* (Oxford: Oxford University Press, 2010), pp. 6, 17－18, 23－25.

们”[1]。也就是说，法律可让富有公心、意在给予的公正和善良之人，免受充满私欲、损人利己、试图获取之人的剥夺与坑害。

其次，"中国宗教性道德"有助于建立一个"人性化世界"，其特征是人与人之间的关系和谐互动、情理交融。这个"人性化世界"与"物自体世界"并行不悖，其特征是人与自然共在、不乏"理性神秘"。恰如当前社会生活所示，人际关系日渐稀薄化，犹如含氧稀少的高原空气。此类现象具有普遍性，是过度个人主义和缺乏恻隐之心所致。所幸的是，儒学的"关系主义"可在这方面发挥重要作用。它对人的生命、人际关系与社群中家庭式氛围的仁爱关切，会使社会交往与人性情感复杂地交织在一起。当它被奉为适当构建"现代社会性道德"的"范导原理"时，就能用以平衡那种恣意妄为的个人主义，用以支持公共理性与理性化社会秩序。简言之，儒学的"关系主义"既是道德性的，又是情感性的，既与社会性道德的情感基础重叠，又可将此情感基础予以强化。但是，它无法避免道德与情感两个领域里存在

1　Richard W. Miller, *Globalizing Justice: The Ethics of Poverty and Power* (Oxford: Oxford University Press, 2010), p. 212.

的矛盾和冲突。因此，它需要依照具体的情境和语境予以分析和处理。[1]

最后，"中国宗教性道德"以情为基，以人为本，但并不否定理性。在实践中，它要求中和式的情理融合。因此，它可用来抗衡西方主流中过度使用工具理性的问题。今日，在存在诸多问题的人类生存环境与社会生活里，人们时常会看到工具理性的滥用现象，结果在诸多情况下，人就显得过于算计、过于功利、过于自私，这对人际关系和社会互动有害无益。故此，要解决或缓解这类问题，就需要一种替代性方案，这在一般意义上指向"中国宗教性道德"，在特殊意义上指向合情合理的"情理融合"。

在笔者看来，以上所言作为一种理论视野有其合理性，但仍需要一种前提条件。该条件就是"公正"，此乃"现代社会性道德"建立的根基，因为"权利先于善"是无论如何都不能跳过的首要原则。在当下中国，"现代社会性道德"的根基并不牢靠，时常会出现侵犯公民权利和义务的现象。实情若是如此，"中国宗教性道德"就无法在充分意义上发挥"范导原理"的作用，即便道

---

1 李泽厚：《伦理学纲要续篇》，生活·读书·新知三联书店，2017，第58—62页。

德感或道德意识（良知）被认为植根于中国人的心理意识之中。因此，笔者比较赞同罗尔斯（John Rawls）提出的"公正即公平"（justice as fairness，或译为"正义即公平"）之说。此说与原初的平等立场和社会契约传统有关。就其特征而言，罗尔斯这样论述：

> 正义是社会制度的首要价值，正像真理是思想体系的首要价值一样。一种理论，无论它多么精致和简洁，只要它不真实，就必须加以拒绝或修正；同样，某些法律和制度，不论它们如何有效率和有条理，只要它们不正义，就必须加以改造或废除。每个人都拥有一种基于正义的不可侵犯性，这种不可侵犯性即使以社会整体利益之名也不能逾越。……所以，在一个正义的社会里，平等的公民自由是确定不移的，由正义所保障的权利决不受制于政治的交易或社会利益的权衡。允许我们默认一种有错误的理论的唯一前提是尚无一种较好的理论。同样，使我们忍受一种不正义只能是在需要用它来避免另一种更大的不正义

的情况下才有可能。作为人类活动的首要价值，真理和正义是决不妥协的。[1]

的确，公正在实践中涉及一系列主导原则。这其中有些原则，就包括构建有序社会的法治、分配基本权利和义务的民主平等、确保个人发展享有平等机会的制度等等。简言之，公正的本性是社会公正。公正作为社会制度的核心德行，关乎最具决定性的方式。正是依此方式，"社会主要制度分配基本权利和义务，决定由社会合作产生的利益之划分"[2]。在中国目前的社会发展与法制改革中，所有这一切可以说是当务之急。

然而，在建构一个全面意义上的公正社会时，仅从功利主义与自由主义视角出发，将公正概念局限于政治话语是明显不够的。功利主义方法认为，公正就是将功利或福祉最大化。但这会导致两大缺陷：其一，它使公正与权利成为一种算计事宜而非某种原则；其二，它推

1 约翰·罗尔斯：《正义论》，何怀宏、何包钢、廖申白译，中国社会科学出版社，1988，第1—2页。英文参 John Rawls, *A Theory of Justice* (Cambridge, MA: The Belknap Press of Harvard University Press, 1971), pp. 3‑4。
2 约翰·罗尔斯：《正义论》，何怀宏、何包钢、廖申白译，中国社会科学出版社，1988，第5页。英文参 John Rawls, *A Theory of Justice* (Cambridge, MA: The Belknap Press of Harvard University Press, 1971), p. 7。

平所有人类的善，毫不考虑其质的差异，将其置换成单一性的和等同性的价值尺度。[1] 至于自由主义方法，它将公正视作尊重选择的自由，因此认真对待权利，笃信公正要比算计意味着更多东西。不过，它倾向于接受人们既有的偏爱，而不要求人们去质疑或挑战他们带入公共生活中的那些偏爱与欲望。根据自由本位的理论，"我们所追求的那些目的的道德价值、我们所过的生活的含义和意义以及我们所共享的共同生活的质量与品质，都存在于公正领域之外"[2]。因此，就需要第三种方法来深思熟虑公正问题，来仔细研究公正社会与德行修为和共同利益（共同善）如何联系和互动的问题。这代表桑德斯所持的坚定立场。如其所言：

> 我们不可能仅仅通过使功利最大化，或保障选择的自由，就形成一个公正的社会。为了形成一个公正的社会，我们不得不共同推理良善生活的意义，不得

1　迈克尔·桑德尔：《公正：该如何做是好？》，朱慧玲译，中信出版社，2011，第308 页。英文参 Michael J. Sandel, *Justice: What's the Right Thing to Do?* (New York: Farrar, Strauss and Giroux, 2009), p. 260。
2　迈克尔·桑德尔：《公正：该如何做是好？》，朱慧玲译，中信出版社，2011，第309 页。英文参 Michael J. Sandel, *Justice: What's the Right Thing to Do?* (New York: Farrar, Strauss and Giroux, 2009), pp. 260‑261。

不创造一种公共文化以容纳那些不可避免地要产生的各种分歧。……公正不可避免地具有判断性。无论我们所争论的是财政援助、紫心勋章、代孕母亲、同性婚姻、反歧视行动、军事服务、首席执行官的工资，还是使用高尔夫代步车的权利等等，公正问题都跟不同的关于荣誉和德行、自豪和认可的观念绑定在一起。公正不仅包括正当地分配事物，它还涉指正确地评价事物。[1]

有鉴于此，具有自由中立性的政治话语或论述，需要借助道德和宗教判断加以补偿或补充。这些判断既涉及用于人格塑造的公民德行，也关乎追求美好生活的共同之善。从积极意义上讲，这种社群主义方法据说具有双重作用，一方面会帮助人们超越那种纠结于自我满足与物质盘算的"自满的生活方式"（complacent way of life），另一方面会帮助人们欣然接受一种由政治权利、道德和精神志向等内容所支持的具有更为宏大目的的生活。从消极意义上讲，试图分离关于公正与权利的论

1 迈克尔·桑德尔：《公正：该如何做是好？》，朱慧玲译，中信出版社，2011，第309页。英文参 Michael J. Sandel, *Justice: What's the Right Thing to Do?* (New York: Farrar, Strauss and Giroux, 2009), p. 261。

证与关于良善生活的论证的做法，至少有两个原因被视为错误之举："第一，我们并不总是可能不解决实质性的道德问题，而裁决公正与权利的问题；第二，即便这是可能的，它也不是值得欲求的。"[1]基于上述原因，桑德尔得出如下结论："与回避的政治相比较，道德参与的政治不仅仅是一种更加激动人心的理想，它也为一个公正社会提供了一种更有希望的基础。"[2]

若将桑德尔的公正立场视为一个整体，笔者发现这在某种程度上是亚里士多德声音的现代回响。桑德尔本人不但倾向于强调分配公正与共同利益的关系，而且倾向于坚持公正的目的论与尊重化特性。另外，他揭示出导致"贫乏性公共话语"的根源，认为这种话语"从一个新闻周期转至下一个周期，充斥着各种丑闻、耸人听闻的消息以及日常琐事"。[3]可以确定的是，对这种话语的流行性肤浅解读，在某些情况下，反过来忽悠、迷

1　迈克尔·桑德尔：《公正：该如何做是好？》，朱慧玲译，中信出版社，2011，第298页。英文参Michael J. Sandel, *Justice: What's the Right Thing to Do?* (New York: Farrar, Strauss and Giroux, 2009), pp. 251。

2　迈克尔·桑德尔：《公正：该如何做是好？》，朱慧玲译，中信出版社，2011，第317页。英文参Michael J. Sandel, *Justice: What's the Right Thing to Do?* (New York: Farrar, Strauss and Giroux, 2009), p. 269。

3　迈克尔·桑德尔：《公正：该如何做是好？》，朱慧玲译，中信出版社，2011，第316页。英文参Michael J. Sandel, *Justice: What's the Right Thing to Do?* (New York: Farrar, Strauss and Giroux, 2009), p. 268。

惑、控制乃至扭曲的即便不是公共理性，至少也是公众舆论。

在这方面，李泽厚对桑德尔的上述立场表示一定的支持，因为两人均从政治、目的论、道德与宗教视野出发，试想解决公正所面临的诸种问题。他们的观点得以凸显的原因，就在于他们倾向于将公正作为实现目标的手段而非其他。此外，他们两人都坚持认为，公正原则在实践中具有根本性，但仍不足以实现人所追求的最终目的。因此，他们提议将道德与宗教判断作为补充或范导原理，以期确保寻求公共利益的公正社会的全景。颇为不同的是，李泽厚是在中西方文明互鉴的背景下沿着原典儒学的思路前行，桑德斯则是在美国社会现状的背景下沿着亚里士多德的思路前行。此外，李泽厚与桑德尔的不同之处，就在于李泽厚是以人类学历史本体论的名义立论。在李泽厚看来，人是历史存在，人性是人文发展的结果。作为人文的部分成果，道德或伦理不仅指向人应该如何作为的规范与习俗，而且指向人应该如何生成的情理结构和文化心理结构。若将其应用于社会领域中的人类实践，这种本体论就会对社会制度的组织和运作产生关联性影响。

四、暂定的结语

综上所述，"和谐高于公正"的假设，是一种层次考量而非价值判断。和谐在原则上是以公正为前提条件，主要表现为人际、身心、天人三种和谐形态，与"中国宗教性道德"密切关联。在李泽厚的"哲学伦理学"[1]架构里，这种道德本身旨在范导和适当构建"现代社会性道德"。也就是说，它诉诸情感与信念，以期调和冰冷的推理、僵硬的法律、泛滥的个体主义、过于算计的功利主义，而这些都是构成"现代社会性道德"的要素。

然而，"宗教性道德"与"社会性道德"并不能彼此取代。这两者形成与"文化心理结构"相类似的"心理本体"的主要内容。事实上，李泽厚在有些时候是以互换方式使用这两个术语，而且确认它们具有同等意涵。例如，他认为"文化心理结构"仅为人类特有，并从哲学角度将其等同于"心理本体"。因此，人类（整体）积淀于个体，理性积淀于感性，社会积淀于自然。与此同时，人类原本拥有的动物性感官能力已经人化，这意味着已经把自然心理结构转化为人类心理结构。这在事实上就是指"内在自然

1　李泽厚：《伦理学纲要续篇》，生活·读书·新知三联书店，2017，第63页。

人化""文化心理结构"与"心理本体"。这些用语或概念之所以质同而名异，是因为它们关乎三个已知的领域，即知（逻辑）、意（伦理）、情（审美）三个领域。[1]

在李泽厚的伦理学里，我们会看到"哲学伦理学""哲学心理学""心理本体"与"伦理本体"等概念。这会引发两个疑问：一个是关于"哲学伦理学"与"哲学心理学"之间的联系，另一个是关于"心理本体"与"伦理本体"之间的联系。为了说明这两者，此处引用两段论说以供参考：

> 这既是"人类学历史本体论"与中国传统儒学相融会而成的"自然人化"理论，它追求"极高明而道中庸"。即第一，它将康德的理性绝对主义视作人类伦理本体的建造，并具体化为文化心理结构的塑建。这"心理"并非经验科学的实证研究，仍是哲学假定。第二，它将中国儒学的"仁"的情感性注入这一伦理本体，使"先验"理性具有经验性的操作可能。"实用理性"，亦此之谓。第三，从而为区分今日"宗教性道德"与"社会性道德"提供理论基础。这一理

1　李泽厚：《人类学历史本体论》，青岛出版社，2016，第475页。

论或应名为"哲学心理学"或"先验心理学"。[1]

以宗教性道德即儒家说的"安身立命"和西方说的"终极关怀"来"范导和适当构建"现代社会性道德。将身体、欲望、个人利益和公共理性向"情"复归，使人从空泛的人是目的（康德）和空泛的人是此在（海德格尔）走向人间世界各种丰富、复杂、细致的情境性、具体性的人。以孔老夫子来消化康德、马克思和海德格尔，奋力走进世界中心。这就是人类学本体论所想探索的。[2]

笔者以为，李泽厚的"哲学伦理学"与其"哲学心理学"彼此重叠。他所说的"心理本体"与"伦理本体"也是如此。虽然它们在观念上显得不同，但在功能上相互关联，彼此都在寻求类似的目标。另外，它们最终会构成一个本体论问题，与人性完善的成长和人性完满实现的趋向相关。如此一来，它们均涉及"人类学历史本体论"的探索。这种本体论提供了一把大伞似的总称，涵盖了李泽厚思想中长期关切的哲学使命。

1 李泽厚：《伦理学纲要》，人民日报出版社，2010，第14—15页。
2 李泽厚：《伦理学纲要》，人民日报出版社，2010，第195页。

第十四章　和谐社会回望

中国文化总体上源自农业文明，有赖于和平（政治）、气候（自然）与合作（人际）等诸多决定性因素。随着进一步演变，中国文化通常以道德为本位，以尚和为特征，这主要得益于儒、道、墨、法与其他诸家所孕育的实用理性和实用智慧。

自 20 世纪 80 年代以来，过去 40 年见证了中国的社会经济改革与诸多领域的巨大进步。现在，中国正同时面临诸多的挑战与机遇。相关挑战大多来自国内，涉及贫富差距、资源匮乏与生态保护压力等难题。相关机遇得益于社会与经济改革，主要涉及开放政策、有效理政、基础设施建设的积极主动性和国家整体的全面发展态势等方面。为了合理把控这些挑战，同时竭力抓住这些机遇，中国采取并推行了一系列相关策略。

数年前，出于社会发展的现实需要，中国推行"构建和谐社会"与"维护社会稳定"两大优先性策略。在笔者看来，前一策略致力于改进社会公正、经济平等与社会福利的现状；从人际关系与生活质量的角度来讲，上列因素是决定社会和谐的主要因素。后一策略旨在遵循意识形态指导，并采用其他适用手段，譬如警察、法院和检察院等等，以尽力维护社会稳定。在实践之中，这两大策略相互联手，最大限度地发挥人际关系和谐的潜能，最大限度地改善社会的环境。因此，它们一般被视为一枚硬币的两面。

一、实验项目的蓝图

从政治社会学角度看，"构建和谐社会"的实践，可被看作一项自上而下推行的实验性项目，其相关组成部分包括持续"反腐倡廉"、促进"公平公正"、消减"贫富差别"和提升"小康社会"构建等等。

应该指出的是，贫富之间的巨大鸿沟，是社会不公正与经济不平等的结果，是一种普遍存在的社会现象。这不仅是导致社会紧张关系和冲突的最主要原因，而且是导致社会各阶层道德滑坡与心理焦虑的最主要原因。由于这一问题难以解决，因此需要认真研究与妥善处理，否则情况就会变得更糟。在这方面，中国应当探寻和采取一种可行的替代方案。这实际上促成了倡导和谐社会建设的构想。

严格说来，和谐社会的蓝图是概念性的，而非具体性的。其纲要以民主、法治、平等、公正、诚信、友善等价值观为特征，意在积极进取，维护和平，稳定秩序，确保人与自然和谐共生。所有这些机制互相关联，致力于适当合作。

这一社会项目的总体目标，就是为了解决前文所述的一系列问题与困难。下面列出其包含的部分内容：

一、遏制并缩小不断增长的贫富差距，这种差距是导致社会紧张关系恶化的温床；

二、解决社会混乱、危机、冲突和对抗，因为这些问题会导致结构意义上的社会失衡；

三、打击官僚体系中较为严重的腐败现象；

四、强化社会公正和经济平等，并使之体制化；

五、调整与重塑市场经济条件下多样化的道德价值观念；

六、改革与重建一个具有中国特色的完善社会制度；

七、维护社会稳定，保障经济、政治、社会和文化诸领域的进一步发展；

八、巩固社会基础，维护执政党与政府的领导权；

九、加强人与自然的和谐互动，保护生态环境与持续发展；

十、最终建立公正社会，使全体公民能够从事各擅其长的工作，获取应得的报酬，遵纪守法，诚信合作，和谐共存。

总而言之，旨在构建和谐社会的整个项目，是一场实验而非政治修辞。从文化上讲，和谐社会的提法让人想起了儒家的"大同"社会理想，在此社会中，老有所养，幼有所教，贫有所依，难有所助，鳏寡孤独废疾者皆有所养。同时，这一理想社会也让人联想到柏拉图的"优美城邦"（Kallipolis），这种城邦是一个公正的三重性共同体，即政治、经济与道德三位一体的共同体，其目的是为民众提供幸福而有尊严的生活。不过，现如今中国所宣扬的和谐社会，具有某种现实性而非理想性，因为其所运作的形式，更像是波普尔所描述的"渐进式工程"（piecemeal engineering）而非"空想式工程"（Utopian engineering）。[1] 显然，从实用观点来看，这两种运行策略在这方面彼此有别。

二、和谐社会的目的论追求

如上所述，和谐社会的蓝图几乎涉及现代社会的所有领域。换言之，构建和谐社会的设想，显现为一项与政治、法律、经济、人际关系和生态伦理等诸多领域相关的实验计划。事实上，这一构想与社会现实形成对比，因为社会现实充斥着潜在的不和谐现象，这些现象与笔者前面提到的那些挑战与难题相关。由于资源和市场垄断与权力交易相关，这些挑战与难题很有可能造成不合比例的利益分配与社群差异，从而会扰乱乃至破坏改革的进程、社会的结构和国民的心态。所有这些均会危害社会稳定与社会秩序，而这两者作为关键性决定因素，会影响到社会发展与经济增长的外在前景。

据笔者对最近中国情况的观察，构建和谐社会的设

1　Karl Popper, *The Open Society and Its Enemies* (Princeton and Oxford: Princeton University Press, 1994), pp. 147‑157.

想是一项雄心勃勃的计划和一种实用性的方案。各级政府对其认真对待，而非流于政治修辞。从目的论与功能上讲，该计划具有综合性，至少涉及五个相互关联的领域，其中包括经济、政治、社会、伦理和文化等内容。

首先是经济领域。构建和谐社会计划致力于减少各行各业之间的社会紧张关系。造成这种紧张关系的主因，一方面来自贫富之间较大的差距，另一方面来自某些政府官员的贪污腐败。这种紧张关系不仅会导致一些人对富人的敌视，还有可能引起一些低收入者的破坏性情绪。如此一来，人际关系与社会凝聚力就会被置于危险的境地，而这两者恰恰是确保社会稳定和经济增长的决定性要素。

在政治领域，构建和谐社会作为一种替代方案，旨在遏制导致社会不稳定的种种显性或隐性问题。在公众抱怨和反映极强的问题中，就包括某些部门社会财富分配不公的问题，以及城市化快速发展中某些过激措施导致冲突频发的问题。有些问题同开发商与相关群体之间的利益博弈密切相关。所有这些因素使得各级政府变得非常审慎，尽力制定相关规章以维护弱势群体的正当诉求。

在社会领域，倡导构建和谐社会这一方法，旨在协和人际关系，抚平民众的心理焦虑与受挫感。通常危害人际关系的关键因素，涉及社会不公正与经济不平等。导致心理焦虑与受挫感的关键原因，与自私自利和充满虚荣心的行为密切相关，这些行为主要源于物化的拜金主义，表现在社会生活的某些方面。正如在大城市的邻里关系中所见，某些人对需要帮助的邻里显得十分冷漠。此类现象严重背离了合作共存的中国传统。为了回归传统，越来越多受过良好教育的社会工作者被分配到邻里社区之中。他们有望提升公共服务的效率与社会管理的效能，其终极目标在于协调邻里之间的关系，以便恢复和强化邻里间互助友爱的社区精神。

继而在伦理领域，和谐社会被推举为一种驱动力，借以培育仁、义、信、友、相互包容与互相帮助等德行。这些德行在传统上得到尊重与践行，但在现代化和全球化过程中存在式微之势，因为在市场经济与社会变革条件下，大多数中国人面临多样化的价值观念选择。举例而言，在社群主义与集体主义引导下，其中有些价值观念追求的是共同利益与公民义务。但在利己主义与个体主义引导下，其他一些价值观念追求的是个人利益与自我发展。所有这些价值观念构成一种"什锦汤"，从而影响了人们的行为道德与准则。为了抗衡其负面影响，以道德为本位的意识形态传统被重新发掘出来，以作为和谐社会不可或缺的组成部分。此外，已然制定的相关教育计划不仅致力于巩固家庭成员的私德，而且致力于培养全体公民的公德。

最后，在文化领域，倡导和谐社会可谓儒家传统的重要组成部分。在这方面，和谐总是得到凸显或强调，这不仅是因为和谐是解决社会争斗或冲突的一种方式，而且是因为和谐也是善政良治的一种理想。在当今中国的环境中，构建和谐社会的设想在较大程度上类似于"大同"社会的古代观念，该观念建基于儒家思想中的尚和文化传统。据此传统，和谐的构想之所以具有根本性，是因为和谐是终极目的而非权宜之计。故此，和谐之用，不仅在于协和人际关系，还在于维护社会稳定，最终实现国泰民安的终极目标。正是这个原因，倡导构建和谐社会容易得到中国民众的普遍理解和广泛接受。

三、社会实践与文化期待

从这五个相互影响的领域判断，我们可以得出如下暂定结论：上述和谐社会类似于多重性共同体。也就是说，它既在原则上是经济、政治和道德的共同体，又在本质上是文化的共同体。因此，构建和谐社会的设想，一方面可以视作一种社会实践，另一方面可以视作一种文化期待。

"社会实践"意味着高效的社会管理，主要致力于满足经济、社会和自我发展的需求。出于实际而非修辞目的，这项实践主要以"渐进式工程"方式为基础。为了实现相关目标，它首先呼吁制度转型。换言之，基于和谐这一文化理想的儒家和谐说，并不足以确保作为和谐必要根基的经济平等与社会公正。因此，这种和谐说需以互补与整合方式来运用中西方的价值观念，以此来改善影响社会管理的制度体系。在笔者看来，这项实验的确志存高远，可视为意在解决前述各种问题与挑战的方案，这将涉及经济、政治、社会及道德等诸多领域。这绝非一项易事，必然会参照当今中国语境推动转型进程。因此，我们需要仔细审视中国的和谐观念，以其作为构建和谐社会自身的理论资源之一。

所言"文化期待",意指一种更好的生活方式,旨在满足物质、社会、心理、文化与精神等需求。在隐含意义上,这类似于儒家对大同社会的期待,是一种贯穿整个中国文化传统的期待。因此,这会促动公众心理,得到广泛认同,从而被看作解决社会紧张关系及其相关问题的可能方案。即便人们对各种形式的政治修辞或理论术语感到疑虑,但他们仍会觉得构建和谐社会的实验计划可以接受。这项实验本身不仅为人们设置一项期待目标,而且为其提供有用的工具以维护自己合理的利益。于是,他们会充分利用"和谐社会"这一手杖,尤其是在他们向滥用职权和侵犯弱势群体权利之徒提起诉讼之时。此外,他们惯于从社会失序和混乱中汲取历史教训,十分看重和珍惜和平与稳定。他们非常明白这一点:一旦发生社会冲突或出现社会混乱,普通民众极有可能是首当其冲的受害者。

值得注意的是,这种文化期待在本质上关乎至关重要的和谐文化理想。这一理想本身深植于国民心理之中,并在中华文化传统中不断得到强调。它在原则上是构想和建立和谐社会的内在思想意识基础,大多存在于儒家思想特有的尚和传统意识之中。鉴于此况，下列段落将会进而阐明与检视这一基础。

构建和谐社会的设想，是一项至少包含两个维度的实验计划：一方面指向追求更好生活的文化期待，另一方面指向提升社会管理效率的社会实践。所有这一切均致力于协和各阶层之间的人际关系，促进社会公正与经济平等的制度化建设，维护社会稳定与秩序以便进一步发展，最终确保各行各业获得公正条件与平等机会，以期满足他们的物质、社会、教育、文化和自我发展等需求。正如实践所示，和谐社会的实现更多依赖于有效的制度体系而非和谐文化传统本身。为了实现这个目标，就需要依据实用理性对制度体系进行创造性转换。[1] 用直白的话说，这种转换实际上是将中西方因素整合成一个有效机制的过程。中国因素包括实用性、伦理性、历史意识、社会稳定及秩序、诚信、友善、公民义务与合情合理等等，这些因素构成儒家实用理性的基本特征。在这一方面，和谐的整合与容纳模式，在方法论与意识形态领域可以发挥尤为重要的作用。这意味着一种相对开放的态

1　李泽厚：《中国古代思想史论》，人民出版社，1986，第303—306页。李泽厚：《关于"实用理性"》，载《实用理性与乐感文化》，生活·读书·新知三联书店，2005，第325—332页。

度，用以选择和吸收来自西方与其他制度体系的相关因素，只要这些因素切实有用，符合中国的实情与需求。根据上述和谐社会的预设特征，这些异质性因素包括民主、法制、经济平等、社会公正与创造性活力等等。所有这些将使制度转换过程成为一项跨文化事业，一项可能以全球地域化方式给中国社会带来根本性变化的事业。

从方法论上讲，在这样的语境中，和谐的化育模式是可取的，它会基于不同形式的互动力量与要素，促成再生产与再创造。正是在这层意义上，化育模式与整合模式相关联，其中隐含一种综合方法，会将新的因素引入与融合成一种有机统一体。在全球化情景下，这还将促成一种积极态度，即一种积极面对共享价值观念的态度，其中包括公正、平等、透明、法治等诸多其他价值观念。这必定有助于推进全球地域化的建设性过程，该过程是以本土价值观念与异质价值观念进行跨文化互动为特征。这是一项富有创造性的事业，而非一个仅涉及利害关系的问题。

与此同时，和谐的容纳模式代表一种开放性方法，既珍视相似性，也珍视差异性。该模式鼓励以合理方式协调那些原则上得到认可的理念与价值，但不鼓励以非合理方式同化那些本性上未被认可的理念与价值。在笔者看来，和而不同的原则意味着三项需要应对的关联性任务：首先是培育一种敏感能力，即一种在众多事物中敏锐识别什么相同与什么相异的能力；其次是提升一种在共赢基础上进行优选的能力，即一种为了相互利益采取适当措施充分利用那些相似观点的能力；第三是增强充分宽容的能力，即一种从必要的多样性角度出发尽可能容许那些不同观点的能力。换言之，倘若我们不能欣赏某物的美只是因其超出我们自己关于美的观念时，我们最好顺其自然，继而使其能为其他人从另一角度所欣赏。这会有助于我们重新思考该事物的潜在价值，会使我们获得一种更好的知解力，从而打破我们的习惯性束缚与偏见。

预知这一转换过程会有多长并不容易，因为这项实验计划作为"渐进式工程"，肯定需要较长时间。然则可以预料的是，当这一转换成功完成之际，它不仅会将人类社会转化成一个和谐稳定的社会，还会将其转化成一个开放的社会。结果，从中获益者不仅包括占世界人口五分之一的中国人，而且包括许多致力于和平与发展的其他民族。

顺便提及，中国推行的和谐社会构建，对缓解社会性紧张关系起到了一定作用。即便在社会、经济、制度、政治、文化与伦理等领域，凭借创造性转换的方式使和谐社会得以成型，也并不意味着可以完全摆脱社会矛盾、冲突与其他相关问题，而是在不同程度上更有能力应对和解决所有这些挑战与困难。建设和谐社会并无捷径可走，而是沿着崎岖道路的艰难长征。

这里不妨以政治文化为例。和而不同的原则，依据中国的具体社会背景与文化传统，趋于促进法治与德治的有机整合。这样既保存差异，又寻求差异之中的共同基础。通过这一做法，就有可能建立起一种互补性相互关系。这项原则是附加很高条件的，因为它致力于综合那些积极的建设性因素，同时排除那些消极的破坏性因素。然而，和而不同的原则无意否认或掩盖对立与潜在冲突的存在。恰恰相反，它可以让这些对立与冲突彼此互动，实现互补互惠，而不是放任自流，使其变成更大的混乱或失去控制。此外，和而不同的原则还会充分考虑文化土壤的适宜性。诚如历史上所证明的那样，法治可能在一种文化土壤之中长势良好，但在另一种文化土壤中则不然，这是不利条件所致。如果凭借武力强行移植，无视具体情况，那就易于萎缩或扭曲。这让我们油然回想起中国的一则寓言里所说的：

> 橘生淮南则为橘，生于淮北则为枳。叶徒相似，其实味不同。[1]

这则寓言意在告诉人们，同类的树种植在不同的土壤与气候中，会结出不同的果实。这在隐喻意义上暗示，将相同的法治引入不同的文化与制度系统之中，其最终结果就是产生不同形态或转化变形。在中国特定情境中，实施法治的最初阶段自然会遇到传统治理观念与运作方式所衍生的某些难题。因此，在笔者看来，这需要逐渐推行全国法治教育计划，借此培育一种政治或法治的"土壤"。唯有当社会意识形态和社会环境相对成熟并适宜法治实践之时，作为法律制度的法治和作为政治体制的民主方能妥善和有效地运作。在笔者看来，这项实验结果涉及诸多相对成功的案例，譬如德国、日本和韩国等国家，它们在各自的政治文化中原本并无民主传统。

1　汤化译注《晏子春秋》，中华书局，2011，第403页。英文参乔车洁玲选译《中国古代寓言一百篇》，商务印书馆，1985，第144—145页。

毫无疑问，此类实验是一种渐进的项目，而非某种激进的变革，因为后者最初总是试探性的，而在爆发突变之后经常就会变得更具破坏性而非建设性。此外，这类实验最终需要依靠经济发展，并非单凭政治体制便可得到拓展和保障。

对于尚和文化传统的探讨，只是简要考察一下在中国语境中构建和谐社会的内在基础。坦率地说，谈及构建和谐社会的现实可能性，相关基础至少需要具有如下两个支点：和平与公正。在这里，和平不仅是指国内社会稳定，而且包括和平的国际环境，后者所提供的是外在决定因素。公正不仅是指确保社会平等的原则，而且包括有效的法治与善政的责任，后者构成制度决定因素。若无外在与制度决定因素，内在基础现实上将无从谈起。准确地说，那只不过是一厢情愿的异想而已。

总而言之，构建真正意义上的和谐社会，自当需要一个长期与渐进的过程，难以在短期内"毕其功于一役"。

四、必要的反思

坦率地讲，建立一个纯粹意义上的和谐社会绝非易事，就中国的当下语境而言更是如此。在建立和谐社会的长期过程中，总会伴随着各式各样的社会问题和挑战。当这种社会建构达到一定程度时，将有助于提高经济、政治、文化和教育领域里的社会管理的能力与效率。所有这一切均有赖于这一前提，即采用全球地域化模式，依照法治与中国民主制度，稳固建立和发展社会公正与经济平等。

幸运的是，儒家思想中的尚和文化，可在构建和谐社会的进程中发挥积极作用。由此形成的坚韧精神，鼓励中国人为了实现最终目标，面对各种艰难险阻，踔厉不怠，勇毅奋进。对于大多数中国人来说，他们展望未来，积极乐观，深刻意识到"国泰民安"这一优先目标有利于社会民生，同时也深刻意识到自己无法承受社会混乱或不稳定所带来的恶果。从过往混乱岁月中的痛苦经历来看，一旦社会动荡不安，他们作为普通民众就会沦为受害者或牺牲品。在这方面，苏联与南斯拉夫的解体等剧变均是我们可以汲取历史经验教训的重大灾难。

若重新审视过去数十年内社会实验的结果，我们发现其积极与消极方面均令人印象深刻，而且影响深远。从政治上讲，这项实验设法维护了社会稳定，强化了公众对构建和谐社会的理解。在此过程中，个别地方出现了极端事件。挑动这类事件的是一些极端分离分子与恐怖分子，他们受到国际势力的煽动与资助。为了打击极端分离主义与恐怖主义，各级政府采取了适度的反制措施，组织当地居民齐心协力。这样的举措切实有效，维护了全国的和平与秩序，重新使中国成为世界上最安全的国度之一。

更有意义的是，这项社会实验也使其他领域获益良多。例如，和谐、公正与平等等诸多价值观念，均得到广大民众的接受与认可，而在此前曾引起意识形态领域的争论。在 2013 年，这些价值观念被正式纳入"社会主义核心价值观"。在 2018 年，这一系列价值观被正式列入新修订的中华人民共和国宪法。

从经济方面讲，国内与海外形势确保了这一领域的快速发展。国民生产总值连年增长，人民生活水平得到显著提高。这便使政府能够在 2008 年的金融海啸艰难时刻，投资 4 万亿人民币用于基础设施建设与工业化扩展。与此同时，政府成功稳定了货币汇率，维持了经济增长。这样一来，中国连续多年对世界经济增长贡献率超过 30%，并于 2010 年成为世界第二大经济体。然而，凡事总有两面性。中国的快速发展也引发出众多问题，包括产能过剩与贪污腐败，这些问题会长期产生恶劣影响。

在环境保护领域，快速而非科学的发展导致了诸多严重问题，譬如过度开采、生态破坏、水源污染和空气污染等等。这些问题严重影响生活质量，招致公众不断抱怨。亚太经济合作组织（APEC）曾于 2014 年在北京召开峰会，为了确保这次国际会议期间良好的空气质量，政府采取严格措施。结果，空气质量得到极大提升，蓝天持续数周，居民欣喜过望。这一情境与举措表明，越来越多的人日益意识到生态环境保护的重要意义，因为他们将其视为自己幸福指数的决定性因素之一。现如今，这些诉求为各级政府带来了巨大压力。

至于法律领域，反恐怖主义法与环境保护法得到修订，与此同时，反腐败国家立法也已提上日程。举例来说，贪腐官员滥用权力，在某些案件中干涉司法判决。再者，既得利益集团浑水摸鱼，使弱势群体沦为社会不公正与不平等的牺牲品。这些事件的负面影响遍及全国，使公众舆论认为建立公正社会势在必行、刻不容缓。这些事实表明，构建和谐社会如若不以公正社会为基础，必将根基不稳，难以完成，无法持续。依据"和谐高于公正"的命题，基于情感的和谐无法取代基于理性的公正，因为前者无论怎样都是以后者为前提。即便尚和文化传统有助于中国民众接受构建和谐社会的理念，但在实践中，如果没有确立良好的公正机制，那就无法建成人们期待的和谐社会。

正是由于上述领域里存在的种种利弊，中国政府郑重提出推动全面深化改革和全面依法治国的方针政策，加快了立法的进程并加强了执法的力度。结果，反腐败法律体系的制定更为细致，执行更加严格。在大规模的反腐运动中，成百上千的官员因滥用职权而受到法律惩处。接踵而至的便是反恐怖主义法。这部法律于 2015 年颁布，于 2016 年生效并得到严格执行，后来还于 2018 年经过修正。其实施特别得到执行机构、政府和民众的强有力支持。与此同时，最早于 1989 年通过的环境保护法，也于 2014 年得到修订。政府采取相关措施，一方面减少工业过剩产能，另一方面加强高质量发展。所有这一切均有助于政府重新赢得广大民众的社会信誉，重新恢复全国民众的期望，即把全国建成健康和宜居家园的期望。正如老话所说，目前的所作所为，只不过是万里长征的第一步。

结　语

*

如前所述，和谐概念从古至今在中国思想史与思维方式中一直发挥着重要作用。这体现在前文所述的九种模式之中。

和谐的音乐模式是政治理想、道德期待与审美经验的象征，主要指向社会、自然与心理的和谐。

在儒家思想中，和谐的宇宙模式关注的是自然规律与礼乐职能之间的互动关系。在道家思想中，宇宙模式展示出一种关于万物创生的宇宙论观念，与阴、阳、冲三气相关。

至于和谐的化育模式，它从性质上讲是借助互动力量或要素进行化育创生的模式，这些相关力量或要素虽然彼此不同，但却以和谐合作为导向。这些力量或要素共享一种互补关系，可能促成最佳的创造性转换。

和谐的整合模式不仅强调和与同之间的区别，而且为了共同追求而呼吁各种因素的恰当整合或融合。晏婴在与齐王交谈治国之道时，曾用羹喻为例，阐述了和与同这两个范畴及其相互关联。

和谐的交合模式可以追溯到《周易》第三十一卦，涉及男女之间的浪漫关系与互动交合过程，其中包含男女之间情感刺激与相互爱恋的行为。

和谐的范导模式之所以被推举为历史范型与政治理想，是因为它强调协和人际关系与社会交往的意识形态意义，这有助于实现善政良治。在孔子那里，要促成这一模式，需要按照礼乐传统进行充分有效的实践。从目的论上讲，倡导范导模式就是为了实现国泰民安的政治理想追求。

和谐的辩证模式，需要明智地处理各种事物内部对立双方之间变化中的互动关系。它所遵循的逻辑程序如下：哪里存在可以想象到的各种物相或事相（相），哪里在客观上就必然存在蕴含其中的对立面（对）。这些对立面不仅是相互依存的，而且基于各自的功能与价值交互影响。当这些对立的力量增长到一定程度时，就会引发彼此冲突的张力或紧张关系（仇）。当对立双方借助协和或和解达成统一时（和），冲突的张力就会相应得到排除或缓解（解）。

就"和而不同"的特性而论，"和"为了寻求共同基点，趋向于包容与协调相关差异；"同"则倾向于拒斥任何差异，试图用一种范式统摄一切，如同一种排他性的单轨制式。这种二元对立现象，也体现在和谐的容纳模式之中，该模式在很大程度上是建立在"和而不同"的原则之上。此原则蕴含一种道德寓意，涉及君子与小人之间的关键差别。

和谐的情操模式意指一种道德与审美修养过程，这在很大程度上有赖于个人对各种情感进行"中和"的意识或觉解。因此，从中和理论角度看，其要旨涉及"中庸"这一正确性原则。至于作为内在品质的审美修养，原则上是以道德教育为根基，相关阐述多见于儒家美学。

上述九种模式构成和谐说的主要内容，可作为抗衡冲突论的替代理论。至于"文明的冲突"，对其主导性起因应当给予充分考量。这一起因在本质上既是文化性的，也是政治性的，故此需要通过跨文化对话与移情共鸣的方式，追求全球性共存与世界性相互理解。有鉴于此，当务之急就是遏制任何形态的文化妖魔论，消解任何形式的文化自恋论或孤立主义，因为文化妖魔论会制造误解与仇恨，文化自恋论或文化孤立主义要么使人陷入柏拉图式的黑暗洞穴，要么使人陷入猖獗的利己主义泥潭。

天下主义基本上源自中国的"天下"观念，一些历史学家和哲学家将其奉为实现世界和平与秩序的替代方法。天下主义背后的关键驱力，是和谐的意识而非同情的德行。

新社群主义以和谐说为特别参照，其最本质和最实用的性相，就在于共筑"人类命运共同体"的庄严倡议。构建这一共同体是一项历史性工程，要求共商、共建、合作共赢等等。当然，这项工程涉及地球上的所有国家与人民。从本质上讲，它不仅是一项经济与政治事业，而且还是一项文化与伦理使命，因为它指向人类共存发展，既关乎跨国利益与合作，又关乎世界性相互理解与相互尊重。

"和谐高于公正"的命题，实际上是出于层级考量而非价值判断。和谐以情感为基础，公正以理性为圭臬。公正是和谐的前提条件，一方不可取代另一方。就人类生存状况与竞争性社会的现状而言，没有公正的和谐效果有限，不能持续；没有和谐的公正过于算计，导致社会关系紧张与人际关系稀薄。

所幸的是，从 2004 年起，中国推广"构建和谐社会"的实验。这项实验用意良善，令人可期，致力于社会稳定、深入发展与改善民生。就结果而论,某些领域收获颇丰,某些方面尚存差距。就经验而论,实现和谐社会的宏大愿景,需要建立在牢固的公正与健全的法治基础之上。谈到公众舆论,人们坚信法治是解决所有社会问题与挑战的灵丹妙药。此外,人们普遍认为,法治终结之处,便是僭政开始之地。倘若出现这类情况,人类的痛苦与磨难注定永无休止。

*

译后记

在中国传统文化之中，"和"既包含着政治的意味，又同时隐藏着某种哲学的诉求。从故宫的三大殿到传统音乐之中的"五声音阶"，均有古人关于"和"的深切思考。然而，古典的这种"和"与现代承袭自西方启蒙运动的基本精神存在着重大差异。西方的启蒙思想家意图抹平人与人之间的差别，这一思想遭遇了诸多反对。尼采在《善恶的彼岸》之中还提及了人的三种不同灵魂类型。《庄子·天下》开篇便对人进行了各种类型的区分。这些文本均在提醒我们人与人在精神品质上的"不平等"。实际上，人与人之间存在差别是一种常识：笔者自己显然无法在精神上与莫扎特、孔子和苏格拉底等人相提并论，如果有现代人盲目地或潜意识里觉得自己比他们更高明，显然也是有违常识的笑谈。

从理论上讲，政治生活的最佳状态是，我们应该把精神品质最高的那一类人选为我们的领导。显然，他们在个人精神品质上应该要优于普通民众，无法真正"平等"。我们都应该在日常的政治生活之中，向精神品质高尚之人靠拢，向他们学习，但是在现实生活之中，精神品质高尚却并不一定意味着受欢迎。道不行而沉浮于海的孔子、喝下毒酒的苏格拉底、沉江的屈原以及一蓑烟雨任平生的苏东坡等等，均表明似乎曲高者定然和者寡。

在西方的概念之中，哲学与政治之间的冲突最能代表这种冲突：哲学的追求要求质疑一切，而政治生活必然有所依凭；哲人与政治人的冲突在所难免。现实生活之中，屈原之类的高洁之士，会让身边的人相形见绌，自然不受欢迎。"和"的概念十分高妙地处理了哲人与政治生活之间的冲突，它使得传统的中国文化实现了从常识到知识而终至于道的通畅。西方启蒙哲人意图以哲学启蒙的方式，消解人与人之间的差异，让所有人经受哲学启蒙变成理智之人，显然只是一厢情愿而已。尼采和海德格尔均在基督教与哲学的冲突之中，试图调和二者，尝试为现代思想与生活找到新的根基，于是有了他们笔下那些伟大的作品。谦虚地讲，中国文化的"和"的概念所达到的思想高度，至少与尼采、海德格尔等人的思想同级。

我们的学界、知识界还是更偏爱西方的概念一些。鸦片战争以来，我们的确领略了西方技术的进步带给现代生活的改变，甚至有人把战场上的落后认定是传统文化的窠臼所在。实则，熟读欧洲史就能明白，欧洲政局的不稳长达数百年。在数百年期间，欧洲人在武器技术上展开疯狂的竞赛，最终制作出最先进的军事武器。而与此同时，华夏政局数百年间整体上的安定局面使得人们不擅长制作军事武器，这恰是华夏传统文明的价值所在。

在现代生活之中，一方面，我们不得不研制最先进的军事武器，以确保自身生活的安全——我们不会因为纳粹头目希特勒是导弹的最初倡导者而放弃对东风、巨浪系列的研究；另一方面，我们要致力于复兴中华传统文明，不仅要影响我们自己的知识分子，还要让这样的文明走出去。这本简要小书的意义便在于此。

恩师王柯平先生把这本书交给我翻译，一方面让我觉得高兴，毕竟"和"的概念是如此重要；另一方面又让我深觉忧虑：我们这一辈人，已经不再从小熟读《诗经》《左传》等古典文献了，一天到晚练习英语口语发音，让自己变得对中国古典文化陌生起来，译出来的文字显然也缺乏应有的味道。

原书为恩师直接用英文写成。为方便读者了解英文文献的情况，译文特意保留了大部分英文脚注，仅从优先中文阅读的角度调整了格式体例。读者诸君现在看到的译文，经恩师细致修改，"和谐说对冲突论"一章还根据内容补加了三个小标题，以便凸显所论内容。"情操模式""和谐说与天下主义"和"和谐与公正"三章也有较大调整。恩师古文功底深厚，闲暇之余，还能吟诗作赋，陶铸性情，学生心向往之，而学力不逮，唯恐有负厚望。

本书的翻译得到了外研社编辑王琳、赵璞玉的大力支持；北京第二外国语学院文化与传播学院的领导与同仁们对我的教学、科研工作提供了不小的帮助；高级翻译学院的领导和老师们对我的翻译事业提供了大力支持，并允许我跨院指导翻译专业笔译方向硕士生，我在此深表谢意；恩师刘小枫先生、程志敏先生一直指导、帮助我的学术研究，令我获益良多。我现在也开始指导学生，把老师们给我的指导和影响全盘奉献给我的学生们，以实际行动表达对老师们的谢意。

译文应与原文的水平还存在差距，译者本人应该对其质量负全责，还请大方之家不吝赐教。

崔崟

北京第二外国语学院

文化与传播学院 高级翻译学院

附　录

和而不同的多元文化策略[1]

王柯平

　　20 世纪末期，人们曾期待新千年是一个充满和平与发展希望的时代。然而，适得其反的是，新千年伊始，全球反而陷入恐怖袭击所衍生的恐惧、仇恨、紧张、冲突与战争等诸多困扰之中。世界和人类到底错在哪里？悲惨和痛苦的可能根源何在？通常，一些佛教信徒会认为一切恶果皆为人类贪欲无限与激情作祟所致，故此将世间生命本身视为诸种苦难的源头。与之类似，一些道家思想的追随者也或多或少持有这一观点："彼以生为附赘悬疣，以死为决疣溃痈。"[2] 这些思想理念在消极意义上似乎与人性的弱点或人生的局限密切相关，而与人类当下的生存状况似乎无关。不过，这类近乎"黑色幽

<hr>

1　本文原用英文撰写，题为 "A Multicultural Strategy: Harmonization without Being Patternized"，刊于 *The International Journal of Skepsis*, XVI/i-2004。高艳萍博士将其译成中文初稿，作者对其进行了适当的修改与补充。
2　钟泰:《庄子发微》，上海古籍出版社，2002，第 153 页。

默"的玄言高论，与其说是在发人深省中逗人一乐，不如说是在无可奈何中催人泪下。

就今日现状而言，最具破坏性和最盲目的能量之一，应该在于各种文化与价值之间彼此的误解或相互理解的缺失。这自然会导致信奉暴力或"丛林法则"的极端现象。历史已然证明，诸如此类的激进信仰或极端现象，除了引起非人道行为和灾难性后果之外，还会使这种形势不断恶化以至危害泛滥。解决这类问题委实棘手，但总不能以看破红尘的超然态度冷眼旁观。在应对上述困局时，我们应当尽力以谋可为之事。换言之，这一世态至少要求我们充分重视如何通过跨文化交流和学习来促进相互理解，要求我们先行探寻某些基本指导原则或有效策略作为可能或可行的起点。本文将提出一些看法谨供进一步研究。首先讨论的是诺思罗普（F. S. C. Northrop）所倡的比较哲学，随之探究的是儒家推崇的"和而不同"观点。在笔者看来，"和而不同"是多元文化策略或哲学原则之一，可用来审视和应对与当前全球化（globalization）或全球地域化（glocalization）相关的这个近乎失序的时代。

一、东西方交会的假设

大众媒介目睹了今日全球化铺天盖地进入公众视野的发展过程。在诸多领域，我们随处可见诸多堂而皇之的文化景观。譬如，作为风靡全球的现象，全球化常被人们以隐喻方式比作"地球村"（global village）。这对我们地球人的影响不可回避，以至我们不得不借用各式各样的方法，来思考它的积极或消极影响。谈到对"地球村"的认知现状，遍布全世界的"潜在村民"（potential villagers）很难就此达成共识。相关的主要差异在于：一些人将"地球村"视为真实的现实存在；一些人将其视为某种理想主义的奇思妙想；一些人认定它是一种诱使弱势文化按照强势文化塑造自身的话语权力；一些人谴责它是借用甜蜜诺言来施行"丛林法则"（the law of the jungle）的隐匿怪兽，实则为后殖民主义的隐形推手；一些人采取或激进或温和的行动，欲强行将其放回潘多拉的魔盒，以期终止其可能引发的种种灾难。不同的态度和立场，代表着不同的价值、判断和利益，从而引发无休无止的争论与辩驳。

在笔者看来，所谓"地球村"的假设性概念，实则是建立在一枚滚动的鹅卵石上，因为这个村庄并不存在于现实当中，其蓝图宛如爱丽丝神游的梦境。自不待言，整个世界在文化和地理上依旧分为两个重要的半球，即东方和西方。吉卜林（Joseph R. Kipling）曾对此这样描写：

> 东是东，西是西，
> 此两者永不交会。[1]

如今，关于东西方传统界限的武断论点已然过时。全球不计其数的学者为了消除两者之间的界限，正在不遗余力地提出必要的和建设性的综合方略。其中，诺思罗普的观点较富前瞻性，因为他率先启动关于跨文化转换之可能性的哲学思考。诚如其《东西方交会》（*The Meeting of East and West*）一书所示，他试图打破吉卜林的上述教条，有针对性地提出自己的反论。若将其概括为

1 F. S. C. Northrop, *The Meeting of East and West: An Inquiry Concerning World Understanding* (New York: The Macmillan Company, 1946, rep. 1960), p. 454. 吉卜林的原诗题为 "The Ballad of East and West"，原文为: "Oh, East is East, and West is West, and never the twain shall meet,/Till Earth and Sky stand presently at God's great Judgment Seat;/But there is neither East nor West, Border, nor Breed, nor Birth,/When two strong men stand face to face, though they come from the ends of the earth!"。

如下两行诗句,显然与吉卜林的上列诗句形成对照:

> 东是东,西是西,
>
> 此两者为何不交会? [1]

　　诺思罗普经历了两次世界大战,敏锐地观察到20世纪40年代两大阵营(即传统民主制度政体和共产主义苏联)之间的意识形态冲突,预感到冷战时代的前夕已经降临。但是,作为一位理想主义与和平主义者,他未能看清政治权力及其主导势力的全部性质。相反,他追求自己的理想观念,倡导相互理解、跨文化交流和东西方之间互补性互动的重要性和必要性。当时,他在忧患之中保持着某种乐观的情怀,在忧思之中表达出某些深刻的洞见。在所著《东西方交会》的前言中,他直接而清晰地指出:

> 如果意识形态的种种冲突可能得到解决的话,现在已经到了直面这些冲突的时候了。否则,社会政策、道德观念和人类的宗教情怀,会因为彼此之间的不相

1　East is East, West is West, and why not the twain shall meet?

容性，继续衍生误解与战争，而不是相互理解与和平。

这些冲突的根源很难在议会大厅的实践中或热火朝天的商业行动中予以解决和消除——在那里，标语四处随意张贴，特殊利益蠢蠢欲动，热情容易得到煽动——除非能对诸种问题进行追根溯源，然后在心平气和的研究中，从理论上解决这些问题。譬如，对"民主制度"与"共产主义"这些词语的含义，理应予以仔细厘定，这样才能较为客观地审视借用这些词语所界定的问题。如本书副标题所示，其所关注的正是当下这项重要而困难的任务。[1]

本书副标题是"关于世界性理解的探索"。从上段引言可见，诺思罗普深切关注甚至忧心忡忡的是误解的破坏性力，而误解来自意识形态冲突这一战争的隐性根源。与此同时，他充分意识到相互理解的作用以及和平的可能性。他强烈呼吁填补东西方之间的沟壑，指陈实践和理论对这项工作的可能影响。不过，由于他对实践运用持有某种怀疑主义态度，因此更多强调的是理论本

1 F. S. C. Northrop, *The Meeting of East and West: An Inquiry Concerning World Understanding* (New York: The Macmillan Company, 1946, rep. 1960), pp. ix - x.

身。他宣称进行心平气和之研究的可靠性，倡导探索东西方文化之根基或精神的重要性。他假设，有了充足的知识以及对两种主要文化的互补性综合之后，人们便有可能抵达世界性理解的境界。在笔者看来，这其中隐含一种各文明与各文化之间对话的潜在形式。

作为探寻世界性理解而研究两种主要文化的结果，诺思罗普得出的结论是一种认识论意义上的关联性结论。这一结论基于两大假设，涉及两大成分，即审美的和理论的成分。审美成分是东方文化精神象征，理论成分是西方文化精神的象征。按照诺思罗普的说法，前者追求的是人与宇宙之间情感的、审美直觉的和不可言说的精神特质，后者追求的是假设、推理、逻辑分析和实验证明的科学方法。因此之故，前者有利于艺术的发展和艺术家的生成，后者有利于经济的发展和科学家的生成。最终通过调和过程，一种实践智慧将会应运而生。换言之，就像艺术和经济、艺术家和科学家一样，审美成分和理论成分将会促成一种互补关系。如同诺思罗普所确认的那样：

理论成分和审美成分以显著的方式在社会中互

> 为补充……于是乎，人与人之间同样真实与重要的诸
> 多差异，不会导致人与人之间的相互毁灭，而是最终
> 有可能构建一个适合全人类的社会。在此社会里，科
> 学上高度发达、理论上带头引领的西方诸国所拥有
> 的较高生活标准，将同东方诸多圣人和谦谦君子特有
> 的恻隐之心、对优美事物的普遍敏悟能力以及精神
> 的泰然自若和平静快乐等美德相结合。[1]

不难看出，诺思罗普主要依据中华文化和印度文
化将东方文化过于简单化和概要化了，而且对科学技术
的神话夸大其词。不过，他在东西方之间架起桥梁的善
良意图，理应得到认可与推举。另外，他相信，东西方
之间的联通，可以确保世界和平、社会美好和人类自由。
而这种自由得以实现的基础，在于利用经济手段来满
足实际需要，通过艺术手段来满足精神需要。也就是说，
所有这一切便是获得幸福生活的哲学基础。

不过，值得注意的是，诺思罗普这种基于上述两端
之关系的判断有失偏颇。即使他为了孕育自己的世界主

1　F. S. C. Northrop, *The Meeting of East and West: An Inquiry Concerning World Understanding* (New York: The Macmillan Company, 1946, rep. 1960), pp. 495 - 496.

义而竭力接近和理解其他文化，但其所言之中仍然存在着一种隐匿的西方中心主义或欧洲中心主义。嗣后，在他的著作《民族驯化：国际政策的文化基础研究》[1] 里，这种中心主义又与某种美国中心主义交融在一起。在该书的末章，他标举一种具有中心主义色彩的观点，宣称条条道路通费城，特意采用隐喻方式将费城这个美国城市视为世界参照的楷模。这本书因此遭到日本思想家中村元的抨击，因为它极易将读者置于美式文化帝国主义的强权之下。[2] 尽管如此，诺思罗普为了获得世界性理解而对异质文化进行必要的思考和理解的建设性努力，确然不可否认。他的任务尚未完成，因此需要我们积极思考在当下语境中其他可能有效的选择。这无疑是当务之急，因为无所不在的恐怖和冲突的阴影已然笼罩着全球。就此而言，人类实则生活在前所未有的巨大危险之中。

二、"和而不同"的特质

1　F. S. C. Northrop, *The Taming of the Nations: A Study of the Cultural Bases of International Policy* (New York: The Macmillan Company, 1952).
2　中村元：《比较思想论》，吴震译，浙江人民出版社，1987，第 140 页。

对东方文化的这种关注，使诺思罗普得出这一结论：审美因素体现东方文化的精神。就直觉思维，尤其是艺术创造而言，这一见地基本上是正确的。不过，这并非是整个东方文化的全部故事，充其量也只不过是其中一个插曲而已。在作为中华文化基石的儒家文化那里，其突出特征是折射在伦理与政治学说里的实用理性（pragmatic reason）。

昭示这种实用理性的是儒家的终极目标，也就是儒家所追求的"和"这一社会理想。[1] 相形之下，作为儒家伦理核心的"仁"的至要价值，反而因为自身"克己复礼"的工具性而屈居次位。其他儒家教义的情况也是如此，譬如作为正确性原则的"中庸"之道与用于道德修养和人格发展的"礼乐"文化等等。

质而言之，儒家的政治哲学是实用主义的。在儒家那里，"和"作为文化成就的最高形式，旨在确保社会秩序或社会稳定，此乃社会可能进一步发展的基础，也是男女老少可能过上善好与公正生活的基础。要实现"和"这一理想，在制度意义上离不开基于礼乐两种原

---

[1] 另一位研究儒学的学者骆承烈也有相同的看法，参骆承烈：《孔子的思想核心——和》，载复旦大学历史系、复旦大学国际交流办公室编《儒家思想与未来社会》，上海人民出版社，1991，第315—326页。

则的文化系统。这一系统的职能在于规范行为和教化人心。此外，礼乐两种原则旨在通过自律与自我修养来完善人格、滋养仁德和协和人伦。礼的本质在于别异，与社会分层相关。乐的本质则在于谐和，使不同社会阶层和睦相处。"一旦礼乐这两个要素有机地联结起来，它们之间就会相互制约、相互调节，使社会臻达完美秩序的状态……这有助于维护各种关系，团结各种力量，开展相互合作。这便是儒家的社会理想。"[1] 如此说来，只要人们热衷于培养仁德，自觉地协和人伦，和谐社会的理想就有可能实现。儒家的这一逻辑序列，取决于实用理性而非审美直觉。

从缘起上看，"和"的观念可上溯到《周易·彖上》中首次提出的"太和"概念，其意旨在表明万物通过乾道的转换，找到自身存在的最终与适当目的，即刚柔相互协调与结合，产生出完美的和谐，万物借此得以创生和繁荣，同时给世界带来最终的和平。[2]

1　Yu Dunkang, "The Concept of 'Great Harmony' in *The Book of Changes (Zhou Yi)*," in *Confucianism and the Modernization of China*, eds. Silke Krieger and Rolf Trauzettel (Mainz: v. Hase & Koehler Verlag, 1991), p. 51.
2　Yu Dunkang, "The Concept of 'Great Harmony' in *The Book of Changes (Zhou Yi)*," in *Confucianism and the Modernization of China*, eds. Silke Krieger and Rolf Trauzettel (Mainz: v. Hase & Koehler Verlag, 1991), p. 53.

在孔子那里，"和"的理想是据诗学、政治哲学和伦理学提出的。在《论语》中，"和"的概念被反复申说和强调，在不同场合共出现八次，其中两次表述得最为根本。第一次是孔子与同时代的有子所见略同，故此借后者之口道出"和"的如下特性：

> 礼之用，和为贵。先王之道，斯为美；小大由之。有所不行，知和而和，不以礼节之，亦不可行也。[1]

"和"为何如此重要呢？我们知道，古代中国的"礼"，在某种程度上是一种综合性表演艺术。这种表演不仅涉及礼仪的规则，而且涉及乐舞的规则。在其有机合作和整体实践进程中，"和"是多样统一的终极目标。其自身魅力与适度原理，决定于诸规则的恰当运用、音乐和乐器的合适选择、舞者的规定人数和排列方式等等。但是，"和"的意义并非囿于审美静观或欣赏的艺术表演，而是相应引申到政治和为政领域。在那里，作为善政的基石，"和"既向上层传布，也向下属

---

1 杨伯峻:《论语译注》，中华书局，1980，第8页。英译文参 Confucius, *The Analects*, trans. D. C. Lau (London: Penguin Books, 1979), 1:12；理雅各译《汉英四书》，刘重德、罗志野校注，湖南出版社，1992，第69页。

传播，以期促进社会各界的协调和团结。这就是古代圣王将"和"的原则视若治国理政良方的原因所在。为了让"和"的功能持续发挥作用，他们按照具体情形变化，借助仪式进行适时调整。否则，单纯"为和而和"，简单统摄一切动态差异，到头来就会使"和"的功能丧失殆尽。

除了政治维度之外，"和"的原则亦可运用到人际关系之中。孔子在《论语》中提出另一有趣论点。当谈及君子与小人之间的重要区别时，孔子认为协调人伦要遵循"和"的原则，而拉帮结派则遵循"同"的原则。他就此指出："君子和而不同，小人同而不和。"[1] 在这里，盲目追随他人的"同"，意在结成朋党，实际无视人际关系的和谐以及人类的正义原则。君子则不然。君子"推己及人"，站在他人的立场思考问题和处理事情，致力于社会的共同福祉。相比之下，小人之关心个人利益，蔑视公共伦理，惯于党同伐异，不顾社会正义。换言之，自私和狭隘如小人者，常为一己之私，与狐朋狗

1　杨伯峻：《论语译注》，中华书局，1980，第141页。英文参 Confucius, *The Analects*, trans. D. C. Lau (London: Penguin Books, 1979), 13:23;理雅各译《汉英四书》，刘重德、罗志野校注，湖南出版社，1992，第69页；赖波、夏玉和译《论语》，蔡希勤中文译注，华语教学出版社，1994，第244页。

友沆瀣一气，以所属圈子的利益为界，无视社会共同福祉。这类人无论如何都不会欣赏或理解真正的和谐，全然不知这种和谐作为道德规则是建立在仁义基础之上。相反，他们通常将"和"歪曲为"同"。

可见，"和"与"同"这两个范畴，代表两种不同理想。前者基于仁义之德，趋于追求社团共同福祉。为此，只有当个人修为发展到君子的最高阶段且能超越个人利益之时，它才有可能实现。后者受"欲""利"的驱使，趋于追求个人私利，常为满足自己而不惜牺牲他人利益。另外，"和"与"同"都意味着一种以个人价值为先决条件的手段。不过，"和"意在有机地协调整合某些事物，以期实现与集体中多数人相关的更高目标。"同"意在强制性地同化所有事物，以便实现与那些自私自利的少数人相关的低级目标。因而，作为道德存在的君子，往往会周全恰当地处理事情，合乎情理地说服人们。由于才德出众、值得信任，君子能赢得支持、尊重、合作，甚至为他人所臣服。小人是自我中心者，总想把自己的意志强加于他人，惯于采用强制方式同化某个朋党或帮派之内的心理和行为模式。若不然，小人就会为了维持貌似和谐的关系，百般讨好或取悦周围的人，全然不顾做人做事的相关条件和原则。他所孜孜以求的"和谐"关系，无疑是虚假而短暂的，因为它掩盖了意在满足私心或个人利益的真正目的。因此，孔子将这种类型的人格斥之为"乡愿"。质而言之，这种人是没有任何德行的"德之贼也"。[1]

从上述说法来看，孔子所论的"和"与"同"两个概念，全然已被道德化了，并且仅限于人际关系、个人修养和治国理政的范围之内。若追溯其源头，就会发现"和"本身包含更多意味。譬如，齐国晏婴对"和"与"同"两个范畴的描述，见于下列著名羹喻：

> 和如羹焉，水、火、醯、醢、盐、梅，以烹鱼肉，燀之以薪，宰夫和之，齐之以味，济其不及，以泄其过。君子食之，以平其心。君臣亦然。君所谓可而有否焉，臣献其否以成其可。君所谓否而有可焉，臣献其可以去其否。是以政平而不干，民无争心。……先王之济五味，和五声也，以平其心，成其政也。声亦如味，……君所谓可，据亦曰可；君所谓否，据亦曰否。若以水

1　杨伯峻：《论语译注》，中华书局，1980，第186页。英文参理雅各译《汉英四书》，刘重德、罗志野校注，湖南出版社，1992，第231页。

215

> 济水，谁能食之？若琴瑟之专一，谁能听之？同之不
> 可也如是。[1]

诚如此喻所示，没有人能够仅凭单一成分，做成一道美味的羹汤；也没人能用一种乐音，谱写出一曲美妙的音乐。相反，由多种成分烹饪而成的羹汤才会成为美味。这种美味的主要特征是五味有机相融，每一味既保持自身味道，同时又与其他味道相渗相合，由此化合而成美味的羹汤。五音相合的优美旋律也是因循此法。这就是说，多种成分依据"和"的原则相互融合，就会形成诸多优势与益处。同样，"和"作为一种范畴，内含多重意味。

首先，它体现出一种互补关系，其中所有成分都互动、互惠。这既见诸羹与乐的制作，也见诸君臣合作的政事。即便君臣双方观点不同，判断有异，他们都会根据"和"的原则，从对方角度来考虑事情。在追求共同利益的过程中，彼此肯定的东西得到恰当结合，相互否定的东西暂且悬搁起来。通过这种"和而不同"之"和"，就会在治国理政实践和决策过程中减少失误的几率，增

---

1 杨伯峻：《春秋左传注》，中华书局，2009，第1419—1420页。

大成功的可能。因此，"和"总是被奉为中国传统领导艺术或政治哲学中的最高策略。相反，若臣盲从于君，为和而和，双方就会形成彼此达成一致的虚伪姿态或和谐假象，这实则是为同而同的做法。那么，从现实情境来看，他们的决策与行为就会成为偏颇性的或误导性的。显然，"同"与"和"的上述特征，在效应上是相互背离的。

其次，"和"的策略意味着创造性转化的动态过程。在这个过程中，一切参与因素都会经历一种转换性综合，即在保存自身特性或身份的同时，与其他因素一起变化结合。羹汤的味道显示，盐融于中而其味尚存，而且与其他成分（如醋）相混合，产生出更加独特而可口的美味。在真正意义上，这样的过程是创造性的和生产性的。它以一种"和而不同"的方式，呈现出多样和丰富的结果。这里所兼容的不同要素，均被当作必要和独立的东西加以对待，由此构成一个有机的整体，其中的多种成分相互作用，彼此催化，在一种重构和再生的系统中生成新的事物。这不仅会引起连锁反应，而且有益于可持续发展。相反，"同"拒斥别的因素，仅接纳相类成分。因此，其特点是同质或同类事物的机械叠加，既不内含催化因素，也不产生化学反应，更不会促成整合作用。正如羹喻所示，单一成分无法烹调出丰富诱人的佳肴。这便表明，"同"化的一律性是静止的与短命的，"和"谐的多样性是动态的与恒久的。

最后，"和"的范畴涉及一种对立统一的辩证关系。这让上述有关"和"的所有作用及其进一步的发展成为可能。不过，必须指出的是，晏婴对"和"这一原则的描述，聚焦于对立统一的肯定性一面。换言之，他对事物辩证关系之认识的局限性，致使他未能看到对立各方的内部斗争或彼此冲突。有鉴于此，他所描述的羹汤，实则是以和谐比例调制而成的"什锦汤"。同样，他对辩证统一的理解，也只是停留在协调的层次上。不过，他的这种实用哲学显然是有意为之，是为制定国策或国家治理方略提供一种理论基础。在笔者看来，与大肆宣传的流血革命或文明冲突相比，这种贵"和"方略反倒更值得关注与重视。

三、探求新的爱智创艺

如上所述,本章第一部分讨论了诺思罗普关于东西方交会的世界主义理想,第二部分重估了儒家尚"和"的理想以及与此形成对照的"同"的观念。现在,我们可从当前社会文化背景中引申出某种关联意义。

不言而喻,时下全球化无处不在,几乎蔓延到世界的各个角落。在某些情形下,全球化的主要功能如同一把双刃剑。这就是说,全球化抑或作为一种干预性力量,用来同化世界各地的价值观念;抑或作为一种防御性动力,用来激起全球地域化的发展。面对这一悖论式情境,我们需要开启一种新的"爱智创艺"(philosophos poiesis)。这里是在希腊语义上使用这一术语——philosophos 意为爱智与求真,poiesis 表示创制行为或创制技艺,可简称为创艺,两者合起来意指一种以爱智求真为导向的创艺或创构技艺。相应地,这种新的爱智创艺,对于跨文化重思秉持开放态度,目的在于滋养和孕育跨文化敏感性、世界主义观念和转换性创造,追求和实现人类社会或世界性理解的最终目的。

进而言之,这种新的爱智创艺,在本质上是文化性的。人们可借此来重估自身习以为常的惯例，超越传统的意识与心态，拓宽局限性或制约性的视域。如同人类学家时常所述，文化在广义上是一种生活方式，其主要构成要素包括物质、语言、制度与观念等四大层面。文化的历史演进与积淀，是一个动态的有机发展过程。我们在现实中发现，举凡在相同社群享用相同生活方式的人们，通常习惯如此，想当然如此，故而遵从和偏好自己的生活方式而非其他生活方式。无论怎么要求和鼓励他们接受另外一种有别于其自身文化的异质文化，他们均只是有可能偶尔出于好奇尝试一下，随后不久则弃之不顾，返回到自己习惯的老路上去。在极端情况下，他们会对自己的文化采取一种中心论膜拜态度，而对于其他文化则采取一种封闭性拒斥态度，这意味着对他者带有偏见的排他性鉴赏行为。自不待言，他们会局限于一种充满民族情感、历史荣耀与优越情结的观念模式。他们的偏好与选择看似合乎情理，没有什么怨尤可言。不过，在某些情况与条件下，习以为常的生活方式有所调整变化总是好事。譬如，每当他们与其他社群的成员发生更多交往时，就有可能从对方的异质文化中了解到不同的性相或特征。颇有可能的是，他们由此会变得更为宽容, 会对不同文化采取更为自由的立场。换言之, 他们在欣然拥抱自己文化传统的同时, 也会对其他文化传统保持开放性态度。这将会引发一种"各美其美"的接受性鉴赏活动。这样的结果具有积极意义, 因为这会催生文化共存, 激励合理互动, 提升跨文化意识, 为双向交流与交会铺平道路。在全球化语境中, 社会交往与文化交流的频度增加, 这将引导具有文化多样化背景的人们, 在彼此熟悉和相互合作的基础上变得更加容易产生移情作用。他们因此在文化意义上学会"美人之美", 不拘一格, 知晓各自文化的利弊, 能在共鸣性鉴赏活动中, 使自己适应于多种多样的文化生活境遇。这实则代表一种互动性或互惠性鉴赏活动, 由此可促成高效的多边交际与交会模式。在此阶段, 人们就有条件自觉地追求更高的成就。例如, 他们在将异质文化作为参考架构的同时, 进一步深刻洞察属于自己的同质文化的精髓实质与相关问题, 并借助异质文化资源中的有益性与互补性因素, 进行转换性创造或转换性融合。这种互动性和互惠性鉴赏活动的最终目的, 就是达到"美美与共"的境界, 不同文化相互包容和彼此分享各自优秀与美好的成分, 由此体现出文化多元性的目的论原则。因为, 在理想情况下，其所标示的和追求的正是多边性的敏悟能力、跨文化的移情作用、相互对话的精神、世界主义的观念以及人类世界的相互理解。这在一定程度上应和了诺思罗普所倡的建构方式：以互惠互补的方式，将代表西方文化精神的理论假设，同代表东方文化精神的审美假设，有机地会通与整合起来，从而建构一种更为周全的世界文化，以便为人类创设一种既能满足物质需要又能满足精神需要的更为善好的生活。

那么，怎样才有可能实现相互理解这一终极目的呢？笔者个人在这方面的感知结果，是如前所述的"和而不同"多元文化策略。鉴于全球化是由强势文化所主导，其作用方式与其说是协和其他文化，不如说是同一其他文化。因此，笔者将"和而不同"的多元文化策略视为一种建设性的替代方式。另外，按照笔者的理解，"和而不同"的原则与"多样统一"的原则并行不悖，两者均表现出一与多的相互关系。笔者之所以坚信该原则具有创造性转换的特点，是因为它有助于促使不同成分在一个有机和谐的整体内互动互补互惠。究其本质，"和而不同"的原则是接纳性的和包容性的，而非强制性的和排他性的；它能够吸收新的资源或养分，能够取长补短和相互交会,因此富有可持续发展的活力与历久弥新的动力,能够为了人类的共同福祉而不断地创新融合。

自不待言,"和而不同"作为一种多元文化策略,我们也期待其能在诸如道德实践、人际关系、文化冲突和国际事务等领域中发挥积极作用。仅就将整个世界推入险境的文明冲突而言,上述策略本身代表一种促进对立各方互动协和的辩证理路,这在张载的下述假设中得到昭示:

> 有象斯有对,对必反其为;有反斯有仇,仇必和而解。[1]

我们不妨想象一下,如果冲突(仇)无法得以调和(和)或解决(解),情况将会如何呢?无疑,这种冲突将继续发酵或激化,继而引起其他形式的严重冲突或战争。就其源起而言,提出这一假设时所参照的是宇宙万物,因此涉及其如何诞生、变化、和解以及因"气化"而共生或并存等隐形性相。这里,作为物质或生命能量

1　王夫之:《张子正蒙注》,中华书局,1975,第25页。

的"气化"至为重要，因为它是一种潜隐的推动者（a hidden mover）。王夫之进而对此解释道：

> 以气化言之，阴阳各成其象，则相为对，刚柔、寒温、生杀，必相反而相为仇；乃其究也，互以相成，无终相敌之理，而解散仍返于太虚。以在人之性情言之，已成形则与物为对，而利于物者损于己，利于己者损于物，必相反而仇；然终不能不取物以自益也，和而解矣。气化性情，其机一也。[1]

在这个假说中不难发现一种辩证特征。它揭示了物或人中间相对各方的自然存在，以及对立各方之间的相互依赖关系。在对立各方的彼此作用下，对立和冲突便应运而生。然而，如果对立各方通过和谐或协调而达到统一，相关冲突也就随之消除了。在这个语境中，"和"与"同"显然相异。前者为了追求共同基础，乐于接纳和协调各种差异；后者拒斥任何差异，试图通过某一参考框架来同化一切，仿佛它们本就应当如出一辙。在这方面，强调和谐或协调（和），与古代中华思想传统中关

---

1 王夫之：《张子正蒙注》，中华书局，1975，第 25 页。

注统一价值的习惯相一致，这在人类实践的诸多领域中具有重要的启示意义。

在政治文化领域，"和而不同"原则倾向于鼓励从具体的社会环境和文化传统出发，进行法治和德治的有机综合。在实际运作中，该原则求同存异，尽可能从中建立一种互补关系。当然，这在很大程度上是有条件的，因为它意在整合肯定性和建设性要素，同时会抛开或悬置那些否定性和破坏性成分。然而，它并不否定或掩盖对立的存在和潜在的冲突，不是放任自流，令对立因素坠入混乱无序的失控境况，而是采用适当引导和调控的方式，使其相互作用、相互磨合，最终进入协和互补、互惠互利的状态。另外，它充分考虑文化土壤的可适应性问题。历史已然证明，某种法治体系可能在某种政治文化土壤中运行良好，但在另一种政治文化土壤中则由于条件不适而无法正常或有效运行。假如无视具体环境而强制移植，那将会导致扭曲与无效等后果。这就如同水土不服的花卉一样，强行移栽必然会萎谢枯死。这让我们想到一则中华传统寓言：

> 橘生淮南则为橘，生于淮北则为枳。叶徒相似，其实味不同。所以然者何？水土异也。[1]

这则寓言的主要寓意在于：如果无视当地生态环境条件而盲目移植橘类果树，其所长出的枝叶与结出的果实虽然在表象上看似一样，但实质却千差万别。具体而言，生于淮南的橘是甜酸可食的水果，长于淮北的枳是苦涩不可食的药材。如果依此来审视上述政治文化土壤与法律制度移植的问题，就不难想象最终的可能结果了。有鉴于此，跨文化转换的创造性模式是符合现实需要的，因其会充分考虑相关的文化差异与可行性研究。在此情况下，真正可以充当指导原则之一的就是"和而不同"的哲学基础，因为"和谐"过程（harmonization）就是跨文化转换和协调文化差异的过程。这与"同化"过程（patternization）形成鲜明对比。在追求政治霸权的地缘政治里，"同化"过程倾向于推崇"强权即公理"（might is right）的意识形态，热衷于施行弱肉强食的"丛林法则"，其所作所为意在强行统摄或抹除一切差异，因为差异被其视为通向绝对同一的障碍。需要说明的是，"同化"

1　汤化译注《晏子春秋》，中华书局，2011，第403页。

过程在严格意义上并不完全等于"同"的原则。相应地，"同"作为一种与"和"相对的原则，在解决由文化差异造成的冲突方面并非全然无效。在某些情况下，这一策略如果得到强力支持，也有助于消除文化或文明之间的某些冲突。但是，通过强力消除的冲突，宛如火烧野草，春风一吹又会再次生发。此外，借助强力的"同化"过程，也会引发诸多问题。其作用亦如同用利剑砍杀九头怪兽，在其中一个头被砍去的瞬间，两个或更多的头随即迸发出来。考虑到今日世界的微妙处境，我们不难推测，借助激进的"同化"方式来处理文明之间的某种冲突，可能会使这种冲突非但难以解决，反倒像雪球一样越滚越大，结果会催生出形形色色的"十字军东征"或"伊斯兰圣战"。这无疑是破坏性的和悲剧性的，我们绝对不希望发生此类事情。

总而言之，鉴于思想交流和文化互动已然使纯东方或纯西方的幻想失去根基，这里提议在"和而不同"的原则之上让东西方交会。如今，在东方文化或生活方式中，遇到某些西方因素不再是什么稀罕事物，反之亦然。事实上，东西方之间的思想交流和文化互动，已然激发出许多新的发现和跨文化创构。以约翰·杜威（John

Dewey）为例，他的实用主义哲学无疑是美国式的，但他声称其思想灵感在很大程度上来自中国，因为从 1919 年到 1921 年间，杜威在中国北平讲学，对当时中国现状具有亲身体验与深入观察。他对当时中国的认识不仅来自中华典籍，而且来自当地的生活、社会和文化。他女儿简·杜威（Jane Dewey）在回忆录中证实：其父在中国的经历意义非凡，他借此重新激起了自己的思想和认知热情。因此，他把中国视为最接近他心灵的第二祖国。引用这段回忆录，不是为了证明中国对杜威及其哲学发展的重要性，而是意在说明一切文化对人类智慧的贡献都可能是互惠互利的。这种智慧如同涓流不息的泉水，总是给漫游天南地北的饮者提供方便；另外，这种智慧就像一团海绵，可从各种现有资源中汲取不同养分，从而变得更加丰富和滋润。也许，我们的确需要开启一种新的"爱智创艺"，需要参照吉卜林和诺思罗普的东西方概念对其加以改造。这里权且借用诗句予以概述：

> 东不全是东，西不全是西，
> 这两者理应彼此交会，
> 从而让世界多样有序、和而不同。

*

参考文献

A. C. Graham, *Disputers of the Tao: Philosophical Argument in Ancient China*, La Salle, IL: Open Court, 1989.

Arnold Toynbee, *Mankind and Mother Earth: A Narrative History of the World*, New York and London: Oxford University Press, 1976.

Arnold Toynbee and Daisaku Ikeda, *Choose Life: A Dialogue*, London: Oxford University Press, 1977.

Benjamin I. Schwartz, *The World of Thought in Ancient China*, Cambridge, MA and London: The Belknap Press of Harvard University Press, 1985.

Chuang-tzu, *A Taoist Classic: Chuang-tzu*, trans. Fung Yu-lan, Beijing: Foreign Languages Press, 1989.

Chen Jingpan, *Confucius as a Teacher*, Beijing: Foreign Languages Press, 1990.

Chung-Ying Cheng and Nicholas Bunnin (eds.), *Contemporary Chinese Philosophy*, Oxford: Blackwell, 2002.

Confucius, *The Analects*, trans. D. C. Lau, London: Penguin Books, 1979.

D. B. Monro, *The Modes of Ancient Greek Music*, Oxford: Clarendon Press, 1894.

Eric Voegelin, *The Ecumenic Age*, ed. Michael Franz, Columbia: University of Missouri Press, 2000.

Frederick W. Mote, *Intellectual Foundations of China*, New York: Alfred A. Knopf, 1971.

F. S. C. Northrop, *The Meeting of East and West: An Inquiry Concerning World Understanding*, New York: The Macmillan Company, 1946, rep. 1960.

F. S. C. Northrop, *The Taming of the Nations: A Study of the Cultural Bases of International Policy*, New York: The Macmillan Company, 1952.

229

Fung Yu-lan, *Selected Philosophical Writings of Fung Yu-lan*, Beijing: Foreign Languages Press, 1991.

Han Fei Tzu, *Basic Writings*, trans. Burton Watson, New York and London: Columbia University Press, 1964.

He Zhaowu, et al., *An Intellectual History of China*, Beijing: Foreign Languages Press, 1991.

Herrlee G. Creel, *What Is Taoism? and Other Studies in Chinese Cultural History*, Chicago and London: The University of Chicago Press, 1970.

Hsün Tzu, *Basic Writings*, trans. Burton Watson, New York and London: Columbia University Press, 1963.

James Legge trans., *Li Chi: Book of Rites*, New York: University Books, 1967.

John Rawls, *A Theory of Justice*, Cambridge, MA: The Belknap Press of Harvard University Press, 1971.

Karl Popper, *The Open Society and Its Enemies*, Princeton and Oxford: Princeton University Press, 1994.

Lao Tzu, *Tao Te Ching*, trans. D. C. Lau, London: Penguin Books, 1963.

Lao Zi, *Dao De Jing*, trans. Wang Keping, Beijing: Foreign Lanuages Press, 2008.

Li Zehou, *The Path of Beauty: A Study of Chinese Aesthetics*, trans. Gong Lizeng, Oxford: Oxford University Press, 1994.

Li Zehou and Jane Cauvel, *Four Essays on Aesthetics: Toward a Global Perspective*, Lanham, Boulder, New York, Toronto and Oxford: Lexington Books, 2006.

Li Zehou, *The Chinese Aesthetic Tradition*, trans. Majia Bell Samei, Honolulu: University of Hawai'i Press, 2010.

Mark Leonard, *What Does China Think?*, London: Fourth Estate, 2008.

Mencius, *Mencius*, trans. D. C. Lau, London: Penguin Classics, 1970.

Michael J. Sandel, *Liberalism and the Limits of Justice*, Cambridge: Camridge University Press, 1998.

Michael J. Sandel, *Justice: What's the Right Thing to Do?*, New York: Farrar, Strauss and Giroux, 2009.

参考文献

Michael L. Morgan, "Plato and Greek Religion," in *The Cambridge Companion to Plato*, ed. Richard Kraut, Cambridge: Cambridge University Press, 1993.

Mo Tzu, *Basic Writings*, trans. Burton Watson, New York and London: Columbia University Press, 1966.

Plato, *The Laws*, trans. Trevor J. Saunders, London: Penguin Books, 1975.

Plato, *The Republic*, trans. Allan Bloom, New York: Basic Books, 1968.

Plato, *The Republic*, trans. Desmond Lee, London: Penguin Books, 1974.

Richard John Lynn trans., *The Classic of Changes*, New York: Columbia University Press, 1994.

Richard W. Miller, *Globalizing Justice: The Ethics of Poverty and Power*, Oxford: Oxford University Press, 2010.

Samuel P. Huntington, *The Clash of Civilizations and the Remaking of World Order*, New York: Simon & Schuster, 1996.

S. Harnisch, S. Bersick and J.-C. Gottwald (eds.), *China's International Roles: Challenging or Supporting International Order?*, New York and Abingdon: Routledge, 2016.

Silke Krieger and Rolf Trauzettel (eds.), *Confucianism and the Modernization of China*, Mainz: v. Hase & Koehler Verlag, 1991.

Wang Keping, *Reading the Dao: A Thematic Inquiry*, London: Continuum, 2011.

Wang Keping, *Rediscovery of Sino-Hellenic Ideas*, Beijing: Foreign Languages Press, 2016.

Wang Keping, *Spirit of Chinese Poetics*, Bejing: Foreign Languages Press, 2008.

Wing-tsit Chan, *A Source Book in Chinese Philosophy*, Princeton, NJ: Princeton University Press, 1973.

Zhang Dainian, *Key Concepts in Chinese Philosophy*, trans. Edmund Ryden, Beijing and New Haven: Foreign Languages Press and Yale University Press, 2002.

董天工：《春秋繁露笺注》，黄江军整理，上海：华东师范大学出版社，2017。

康晓城：《先秦儒家诗教思想研究》，台北：文史哲出版社，1988。

陈大齐：《论语辑释》，周春健校订，北京：华夏出版社，2010。

复旦大学历史系、复旦大学国际交流办公室编《儒家思想与未来
　　社会》，上海：上海人民出版社，1991。

洪应明：《菜根谭》，保罗·怀特英译，姜汉忠今译，北京：新世界
　　出版社，2003。

黄克剑、王欣、万承厚编《熊十力集》，北京：群言出版社，1993。

焦循：《孟子正义》，沈文倬点校，北京：中华书局，1987。

孔颖达：《礼记正义》，郑玄注，上海：上海古籍出版社，2008。

赖波、夏玉和译《论语》，蔡希勤中文译注，北京：华语教学出版社，
　　1994。

李道平：《周易集解纂疏》，潘雨廷点校，北京：中华书局，1994。

李泽厚：《伦理学纲要》，北京：人民日报出版社，2010。

李泽厚：《伦理学纲要续篇》，北京：生活·读书·新知三联书店，
　　2017。

李泽厚：《论语今读》，合肥：安徽文艺出版社，1998。

李泽厚：《人类学历史本体论》，青岛：青岛出版社，2016。

李泽厚：《实用理性与乐感文化》，北京：生活·读书·新知三联书店，
　　2005。

李泽厚：《中国古代思想史论》，北京：人民出版社，1986。

李泽厚、刘纲纪：《中国美学史：先秦两汉编》，合肥：安徽文艺出版社，
　　1999。

理雅各译《汉英四书》，刘重德、罗志野校注，长沙：湖南出版社，
　　1992。

理雅各译《周易》，秦颖、秦穗校注，秦颖今译，长沙：湖南出版社，
　　1993。

刘宝楠：《论语正义》，高流水点校，北京：中华书局，1990。

刘再复：《李泽厚美学概论》，北京：生活·读书·新知三联书店，
　　2009。

陆玑：《毛诗草木鸟兽虫鱼疏广要》，毛晋广要，栾保群点校，北京：

中华书局，2023。

陆玑、徐雪樵：《诗经动植物图鉴丛书》，台北：大化书局，1977。

迈克尔·桑德尔：《公正：该如何做是好？》，朱慧玲译，北京：中信出版社，2011。

聂振斌：《古代生命哲学与中国艺术生命论》，《艺术百家》2016年第 2 期。

皮锡瑞：《今文尚书考证》，盛冬铃、陈抗点校，北京：中华书局，1989。

乔车洁玲选译《中国古代寓言一百篇》，香港：商务印书馆，1985。

塞缪尔·亨廷顿：《文明的冲突》，周琪等译，北京：新华出版社，2013。

陕西考古研究所编《西汉京师仓》，北京：文物出版社，1990。

《圣经〔简化字现代标点和合本〕》，中国基督教三自爱国运动委员会、中国基督教协会，2000。

十三经注疏整理委员会整理《周易正义〔十三经注疏〕》，北京：北京大学出版社，2000。

司马迁：《史记》，北京：中华书局，2014。

汤化译注《晏子春秋》，北京：中华书局，2011。

王夫之：《张子正蒙注》，北京：中华书局，1975。

王国轩译注《大学·中庸》，北京：中华书局，2007。

王柯平：《老子思想新释》，北京：外文出版社，2010。

王柯平：《老子思想精义》，北京：中国大百科全书出版社，2017。

王柯平：《诗教的致知功能——"多识于鸟兽草木之名"疏解》，《美育学刊》，2016 年第 2 期。

王水照主编《王安石全集》，上海：复旦大学出版社，2016。

王天海：《荀子校释》，上海：上海古籍出版社，2005。

韦昭注《国语集解》，徐元诰集解，王树民、沈长云点校，北京：中华书局，2019。

文化部对外文化联络局、中外文化交流中心编《"汉学与当代中国"

座谈会文集 .2016》，北京：中国社会科学出版社，2017。

修海林：《"樂"之初义及其历史沿革》，《人民音乐》1986 年第 3 期。

徐复观：《中国艺术精神》，桂林：广西师范大学出版社，2007。

许慎：《说文解字》，徐铉等校，上海：上海古籍出版社，2007。

薛安勤、王连生：《国语译注》，长春：吉林文史出版社，1991。

荀子：《荀子》，约翰·诺布洛克英译，张觉今译，长沙、北京：湖南人民出版社、外文出版社，1999。

杨伯峻：《春秋左传注》，北京：中华书局，2009。

杨伯峻：《论语译注》，北京：中华书局，1980。

约翰·罗尔斯：《正义论》，何怀宏、何包钢、廖申白译，北京：中国社会科学出版社，1988。

张岱年：《中国哲学大纲》，北京：商务印书馆，2015。

张锴生：《汉代粮仓初探》，《中原文物》1986 年第 1 期。

赵佶注《宋徽宗道德真经解义》，章安解义，万曼璐点校，上海：华东师范大学出版社，2017。

中村元：《比较思想论》，吴震译，杭州：浙江人民出版社，1987。

钟泰：《庄子发微》，上海：上海古籍出版社，2002。

庄子：《庄子》，汪榕培英译，秦旭卿、孙雍长今译，长沙、北京：湖南人民出版社、外文出版社，1999。

朱熹：《四书章句集注》，北京：中华书局，1983。

译名表

T

太和 supreme harmony/ultimate
　harmony/utmost harmony

太和殿 Hall of Ultimate Harmony

泰卦 hexagram 11/*Tai Gua*

天下 all under Heaven/*tian-xia*

天下主义 ecumenism

同 assent/identity/patternization/
　uniformity

W

文化霸权 cultural hegemony

文化孤立主义 cultural isolationism

文化妖魔论 cultural demonism

文化自恋论 cultural narcissism

文明的冲突 clash of civilizations

稳定 stability

五年计划 Five-Year Plan

五味 five flavours

五行 five agents/elements

五音 five notes

X

咸卦 hexagram 31/*Xian Gua*

现代社会性道德 modern social

ethics

相互信任 mutual trust

相互尊重 mutual respect

小人 petty man

新社群主义 neo-communitarianism

Y

阳 *Yang*

阳气 *Yang* vital force

阴 *Yin*

阴气 *Yin* vital force

音乐 music

音乐模式 musical mode

庸 *yong*

优美城邦 Kallipolis

宇宙模式 cosmic mode

Z

整合模式 synthetic mode

正确性原则 principle of correctness

中 *zhong*

中道 course of appropriateness

中非命运共同体 China-African
　community with a shared future

中国宗教性道德 Chinese religious

237